KB009909

K-water 기후위기 내능 내국인 보고서
전환의 미래로 가는 희망의 물길

전환의 미래로 가는 희망의 물길

**K-water 기후위기 대응
대국민 보고서**

K-water 지음

YD 연두에디션
Édition

발간사

기후위기 대응과 대한민국 도약
국민 여러분과 함께 한다면 K-water는 자신 있습니다!

물은 '변화'와 '포용'에 능한 신비로운 물질입니다. 다양한 상황과 조건에 따라 액체와 기체, 고체의 형태로 변화하며 지구 전체를 순환합니다. 땅에 스며들었다가 하늘로 증발하며 유연하게 갈라져 필요한 곳으로 흘러가고 때로는 강하게 뭉쳐 역동적인 에너지를 만들어 냅니다. 시간과 공간을 자유자재로 종횡하기에 거대한 물의 순환 고리로부터 벗어난 존재는 없습니다. 물의 관점서 보면 지구의 모든 것은 하나로 연결된 생명 공동체라는 사실이 명료하게 드러납니다. 한편으로 물은 물질적 차원을 넘어 말과 의식을 지배하는 문화적 자원이기도 합니다. 일상의 언어 속에도 물은 이미 깊숙이 스며있습니다. "생명의 근원"이라는 영광스러운 찬사와 함께 "물 쓰듯 한다"라는 낭비를 힐난하는데도 쓰이며 우리 삶의 다양한 것들에 의미를 부여합니다.

오늘날 많은 이들이 큰 감흥 없이 일상에서 물을 쓰며 살아갑니다. 그러나 조금만 역사를 되돌아봐도 물의 소중함을 바로 깨닫게 됩니다. 시대마다 당면한 물 문제를 어떻게 푸느냐에 따라 문명과 도시의 운명이 결정되었고, 인류는 역사의 부침을 경험하며 물의 중요성을 자각했습니다. 인문학, 경제학,

법학, 자연과학, 공학, 의학 등 거의 모든 학문에 걸쳐 물의 다양한 형태와 가치를 탐색하며 폭넓은 지식과 깊이 있는 사유 체계를 만들어 온 것도 바로 이러한 이유에 있습니다.

모든 것을 연결하기에 물의 가치는 지대합니다. 그래서 한 마디로 압축하거나 정의하기가 곤란합니다. K-water는 오랜 세월 동안 물과 씨름하고 사랑하였습니다. 수시로 변하고 복잡한 이해관계를 품고 있는 물을 닮아간 탓인지, K-water가 걸어온 길 또한 영광과 좌절, 환희와 고통, 칭찬과 비난이 교차하는 험난한 여정이었습니다. 그러나 고난이 있어도 주어진 여정을 우회하거나 회피하지 않았습니다. K-water에 부여된 물 관리 책임은 절박한 시대소명이자 반드시 이뤄야 할 국가의 과업이기 때문입니다.

대한민국의 성장과 발전을 위해서 수자원 개발은 가장 앞서 이뤄져야 하는 선행과제였습니다. 궁핍했던 지난 시절 K-water는 수자원의 종합적인 개발과 관리로 산업화와 도시화의 기반을 닦았고 경제 발전의 주춧돌을 놓았습니다. 안전하고 깨끗한 물 관리는 국민의 생명과 재산을 보호하고 보편적 물 복지를 실현하는 바탕이 되었습니다. 시대의 변화를 기민하게 포착하여 물의 가치를 높였고, 성공의 경험들을 쌓아가며 성장과 혁신을 우리의 DNA로 만들었습니다. 그 결과 K-water는 '최고의 물 종합 전문기관'이라는 호칭을 부여받을 수 있었습니다. 어려움을 극복하고 소중한 승리의 역사를 만들어온 것에 대해 국민께서 주신 명예로운 훈장이라고 생각합니다.

끊임없이 흐르고 변화하는 물과 같이 K-water는 기존 성과에 안주하지 않고 혁신의 길을 걷고 있습니다. 그 출발점에는 무엇보다 뉴노멀(New Normal) 시대로 명명되는 물 관리 여건과 경영환경의 변화가 자리합니다. 지구 온난화로 홍수, 가뭄, 폭염, 산불과 같은 기후위기는 보다 심해지고 빈번하게 발생합니다. 탄소중립 실현과 디지털 전환, 글로벌 경제 질서 재편은 이를 헤쳐 나가는 데 보다 명확한 방향타를 요구합니다. 국민과 약속한 물 관리 일원화의 성과를 창출하고 글로벌 물 기업으로서 전 세계 물 문제 해결에 기여하는 것은 더 이상 미룰 수 없는 시대적 과제가 되었습니다. 이러한 이유로 2020년, K-water는 퀀텀점프(Quantum Jump)를 결단했습니다. 문제가 복잡하고 상황이 불확실하기에 안전하고 점진적인 변화보다는 과감하고 근본적인 혁신을 선택하였습니다. 무대가 넓어지고 역할이 더 커진 만큼 K-water의 비전 또한 "세계 최고의 물종합 플랫폼 기업"으로 확장되었고, 새로운 목적지에 도달하기 위한 미래 물 관리 혁신과 도전은 지금 이 순간에도 지속되고 있습니다.

본 도서에는 55년 역사와 물 관리 여건, 경영환경 인식, 퀀텀점프 노력과 성과, 국민과 함께 미래로 도약하기 위한 어젠다(Agenda)가 담겨있습니다. 페이지 곳곳에는 더 나은 내일을 희망하며 절박하게 추구했던 K-water의 고민과 질문의 흔적도 만나볼 수 있습니다. 전문 작가가 아닌 K-water 임직원이 직접 집필했기에 내용이 거칠고 표현은 서툴 수도 있습니다. 해법이 새롭거나 완벽한 정답이 아닐지도 모릅니다. 그럼에도 책을 발간한 이유는 국민 여러분과 함께 시대의 위기를 고민하고 전망과 대안을 성찰하고 싶은 절실함이 있었기 때문입니다. 지난 3년 동안 7천여 K-water 임직원들은 미래 가치를 위한 열정과 고민으로 강한 구심력을 만들어 왔습니다. 이 책을 통해 그 성과를 공유하고 시대의 화두를 함께 토론하면서 국민의 관심과 응원이라는 원심력을 얻고자 합니다. 그 상반된 힘의 균형으로 팽팽하게 당겨진 밧줄 위에서 더욱 힘차게 뛰어올라 물로 희망을 만들고 행복을 나누는 새로운 세상을 완성하겠습니다. 언제나 그랬듯이 국민 곁에서 가까이 흐르는 K-water가 되겠습니다.

'위기를 낭비하는 것은 범죄'라는 미래학의 경구가 있습니다. K-water는 변화의 본질을 직시하고 새로운 전환을 준비하면서 우리가 처한 위기를 허투루 보내지 않겠습니다. 그러나 K-water의 힘만으로는 충분하지 않습니다. 전환의 미래를 향한 지난한 여정을 완주하려면 국민 모두의 격려와 응원이 절대적으로 필요합니다. 국민께서 지혜를 주시면 귀 기울여 듣고 지지를 주시면 그 힘으로 두려움 없이 전진하겠습니다.

기후위기 대응과 대한민국 도약, 국민 여러분과 함께 한다면 K-water는 자신 있습니다.

2023년 1월
K-water

차례

1

K-water
발자취

경제발전의 선두주자에서 국민의 공기업으로 재탄생한 K-water

물은 지구상에 있는 전 생명체의 원천이자 요람이다. 모든 생명이 유지되기 위해서는 일정한 양의 물이 필요조건이며 인간 또한 예외는 아니기에 인류 문명이 꽃피기 시작한 황하, 메소포타미아, 인더스, 이집트 모두 물이 풍부한 강을 기반으로 발달했다. 이처럼 인류의 모든 발전의 역사를 설명하기 위해서는 물을 떼놓을 수 없을 것이다.

흔히 '한강의 기적'으로 일컫는 세계에서 유례없는 대한민국의 초고속 발전은 많은 개발도상국들의 롤 모델로 손꼽히고 있다. 이러한 우리나라의 놀라운 성장은 모든 사업의 근간이되는 수자원의 확보가 전제되지 않았다면 불가능했을 것이다. 수자원 개발과 효율적 물관리를통해 국가와 국민이 부여한 시대 소명을 성공적으로 수행하여 대한민국 경제성장의 역사를함께 해온 대한민국 대표 물관리 전문기관 K-water의 탄생과 발전의 발자취를 이 장을 통해알아보고자 한다.

경제발전의 선두주자에서
국민의 공기업으로 재탄생한 K-water

김윤태

'자원'으로서 가치를 인정받기 시작한 물

1960년대 이전까지 우리나라의 물 사용은 생활·농업용수, 그리고 일부 발전용에 그쳤다. 전문적인 수자원 관리 조직이나 체계가 없었기에 유입되는 수량 대부분은 유실되고 실제 활용 수량은 7% 남짓에 불과했다. 그러나 정부가 경제개발 5개년 계획을 추진하고 본격적인 산업화 시대로 접어든 1960년대부터 물은 마침내 '자원'으로 그 가치를 인정받게 된다. 본격적인 '수자원 사업'시대의 서막이 열린 것이다. 1966년 8월 3일 수력발전과 홍수조절·용수공급 등을 위한 다목적댐 건설 시행 기구 창설을 위한 '한국수자원개발공사법'이 제정·공포되고, 1967년 11월 16일에는 정부가 자본금 35억 5,000만 원을 출자해 설립한 한국수자원 개발공사가 서울특별시 중구 정동 11-3 풍전빌딩에 사무실을 정하고 설립등기를 마치며 운영을 시작했다.

수자원 개발의 초석을 쌓은 한국수자원개발공사 1966년~1974년

수자원 개발의 필요성이 점점 커짐에 따라 1965년, 정부는 수자원종합 개발 10개년 계획을 수립하고, 1966년 3월 한강유역조사사업 착수를 시작으로 4대강 유역에 대한 조사 사업에 나섰다. 한국수자원개발공사는 창립 이후 이 사업을 이어받아 1972년 2월까지 6년에 걸쳐 광범위한 조사를 시행, 성공적으로 마무리하여 국가 수자원의 효율적 개발을 위한 기틀을 마련했다.

또한, 1950년대 초부터 검토가 이루어졌던 소양강다목적댐 건설사업을 1968년 착수, 321억여 원을 투입해 1973년 10월 15일 준공했다. 소양강 댐은 높이 123m, 길이 530m에 달하는 사력댐(Rock Fill Dam)으로, 수도권 용수 공급량의 45%를 공급하고 연 5억m³의 홍수조절능력과 483GWh의 발전능력까지 갖추었다.

소양강댐 건설 경험과 노하우를 바탕으로 현재 K-water는 20개의 다목적댐(조정지 제외)과 14개의 용수댐 등 56개소의 다목적댐·보 등을 운영·관리하여 용수 공급 125억m³(전체 61%), 홍수조절 53억m³ (전체 94%)를 담당, 국민의 삶의 질 향상과 수재해로부터의 안전 확보 등 공공복리 증진에 이바지하고 있다.

국가경제 개발의 견인차 산업기지개발공사로 재창립1974년~1988년

1972년 중화학공업 육성을 골자로 하는 제3차 경제개발 5개년 계획이 수립된 이후 한국수자원개발공사는 산업단지 조성을 위한 근거가 될 '산업기지개발촉진법'을 제출하고 1974년 2월 1일 '산업기지개발공사'로 사명을 변경했다. 이후 여수지역 일원에 전문 종합석유화학단지이자 우리나라 최대의 해면 매립 산업단지인 여천국가산업단지와, 대한민국 최대 기계분야 특화 산업단지이자 동남권 산업벨트의 주축인 창원국가산업단지, 온산국가산업단지, 구미국가산업단지 등 여러 산업단지와 연구단지, 신도시를 조성하는 등 사업영역을 크게 확대했으며 나아가 중화학공업 기지 건설도 주도해 국가 경제발전과 산업화의 기반을 닦는데 크게 일조했다. 산업단지 건설과 개발뿐만 아니라 이 기간 충주다목적댐, 대청다목적댐, 주암다목적댐, 합천다목적댐, 평화의댐, 낙동강 하굿둑 등 재해 예방과 용수 공급 확충을 위한 대규모 댐 건설도 추진해 완수했다.

물관리 전문기관으로 새로운 도약, 한국수자원공사 탄생1988년~

1970년대 고도성장을 거치며 선진 공업국 대열에 합류한 우리나라에서는 국민 생활의 변화와 복리증진에 대한 열망이 뜨겁게 타올랐다. 특히 각종 물 수요가 급격히 증가하며 수자원과 수도 등 물 분야를 전담할 전문기관의 필요성이 대두됐다. 이러한 시대적 요구에 적극 부응하고자 정부는 1987년 12월 4일 '한국수자원공사법'을 공포했고 산업기지개발공사는 1988년 7월 1일 자로 '한국수자원공사'로 재창립하게 된다.

산업기지개발공사 시절인 1979년에는 울산공업용수도를 비롯한 7개 공업용수도사업을 인수하고 한국수자원공사로 재창립한 이후에는 군산·대불·아산공업용수도 사업을 추진하는 등 공업용수도 신설 및 운영 관리를 통해 산업시설에 활용되는 용수를 원활하게 공급했다.

또한, 2개 이상의 지방자치단체에 원수나 정수를 공급하는 '광역상수도'의 인수 및 확장, 신규 건설을 추진한 결과 현재 48개의 광역상수도를 운영하고 있는데, 이는 국가 전체 수도시설 용량의 48%를 차지한다.

2004년에는 지자체에서만 운영하던 지방상수도(최종소비자에게 직접 용수 공급)를 최초로 논산에서 위탁받았고, 현재 23개 지자체의 지방상수도를 수탁·운영하여 유수율 및 고객만족도 제고에 앞장서 국민에게 안정적으로 생활용수를 공급 중이다.

국민의 공기업, 글로벌 물종합 플랫폼 기업 K-water 시대 개막 2006년~

창립 40주년을 한 해 앞둔 2006년 3월 15일, 대한민국 대표 물기업으로서 고객 중심의 세계적 물 서비스 기업으로 도약하겠다는 의지를 담아 새로운 CI 'K-water'와 물의 요정을 형상화한 마스코트 '방울이'를 세상에 내놓은 K-water는 글로벌 시장 진출과 세계 최고 물종합 플랫폼 기업으로 새로운 출발을 다짐했다.

이후 경인아라뱃길 건설 사업, 4대강 사업 등 대규모 국책사업을 성공적으로 완수하고, 친수구역 조성 사업과 더불어 국가 하천 주변 지역을 체계적이고 계획적으로 조성한 부산EDC(Eco Delta City, 에코델타시티) 건설 등 수변사업 활성화를 통해 하천 인근 지역의 지속 가능한 발전을 도모하고 국민에게 편안한 휴식 공간을 공급하고 있다.

뿐만 아니라, 유휴공간인 댐 저수 공간의 넓은 수면을 이용한 수상태양광 발전과 세계 최대 규모의 시화호 조력발전소, 풍력발전 및 수열에너지 사업, 청정 물에너지 개발, 탄소중립 정수장 등 국내 신재생에너지 1위 기업으로서 녹색전환 · 탄소중립에도 앞장서고 있다.

국내 최고 물 전문 공기업으로 시대의 요구에 따라 국가와 국민을 위한 소임을 완수해온 K-water는 2022년 창립 55주년을 맞이했다. 지난 55년간의 성과에 머무르지 않고 앞으로 K-water는 ESG경영철학을 중심으로 국민중심 물관리, 글로벌 기술을 선도하는 세계 최고의 물종합 플랫폼 기업으로 거듭나기 위해 국민과 함께 달려나갈 것이다.

K-water의 역사

1966 ·· **1973** ··

1966. 8. 3.
한국수자원개발공사법 제정·공포

▼

1967. 7. 11.
설립위원회 결성

▼

1967. 11. 16.
한국수자원개발공사 창립

▼

1968. 1. 4.
사보 제1호 발행

▼

1968. 1. 20.
소양강댐건설사무소 개소

▼

1968. 3. 5.
4대강유역 조사사업 착수

▼

1969. 2. 1.
제1회 신입사원 공채시험 실시

▼

1973. 3. 24.
4대강유역 조사사업 완료

▼

1973. 6. 30.
구미공업단지 매립공사 완료

▼

1973. 10. 15.
소양강다목적댐 준공

▼

1973. 12. 24.
산업기지개발촉진법 제정·공포

▼

1974 ·········· 1987

1974. 2. 1.
산업기지개발공사 창립

▼

1974. 10. 15.
본사 대전 이전

▼

1976. 10. 28.
안동다목적댐 준공

▼

1978. 12. 25.
전국 공업용수도 시설물 인수

▼

1980. 12. 2.
대청다목적댐 준공

▼

1981. 5. 4.
수도권 1·2단계 광역상수도 인수

▼

1982. 5. 4.
전국 용수공급체계 공사로 일원화

▼

1985. 10. 17.
충주다목적댐 준공

▼

1987. 4. 29.
시화지구 개발사업 기공

▼

1987. 11. 16.
낙동강하굿둑 준공

▼

1987. 11. 17.
노동조합 설립

▼

1987. 12. 4.
한국수자원공사법 제정·공포

▼

1988. 7. 1.
한국수자원공사 창립

▼

1989. 12. 31.
합천다목적댐 준공

▼

1991. 5. 10.
주암다목적댐 준공

▼

1992. 5. 13.
임하다목적댐 준공

▼

1992. 11. 27.
일산신도시 상수도공급시설 준공

▼

1993. 11. 19.
안산신도시 1단계건설 사업 완료

▼

1996. 5. 27.
부안다목적댐 준공

▼

1998. 11. 30.
보령다목적댐 준공

▼

1999. 1. 30.
수도권광역상수도 5단계 통수

▼

1999. 12. 20.
남강다목적댐 보강사업 준공

▼

2000. 10. 25.
횡성다목적댐 준공

2001. 2. 10.
시화호 해수호 전환 결정

▼

2002. 2. 1.
물관리센터 신설
(전국 다목적댐 실시간 관리)

▼

2003. 12. 30.
논산시 지방상수도
위·수탁협약 체결

▼

2004. 3. 18.
국제수돗물종합검사센터 준공

▼

2005

2005. 10. 19.
평화의댐 2단계사업 준공

▼

2006. 3. 16.
'K-water' CI 선포

▼

2007. 2. 15.
수도권광역상수도
통합운영센터 준공

▼

2007. 8. 16.
시화 멀티테크노밸리
조성사업 기공식

▼

2009. 11. 22.
4대강살리기 사업 희망선포식

▼

2011. 8. 3.
시화호조력발전소 발전 개시

▼

2011. 11. 3.
합천다목적댐 수상태양광 발전 개시

▼

2012. 5. 25.
경인아라뱃길 개통

▼

2014. 10. 31.
필리핀 앙갓댐 상업발전 개시

▼

2015. 4. 12. ~ 17.
제7차 세계물포럼 공동 개최

▼

2016

2016. 11. 16.
창립 50주년 신경영 방침 선포

▼

2017.11.16.
미래 100년을 향한
창립 50주년 기념식

▼

2018.6.8.
정부조직법 개정에 따라
환경부 산하로 이관

▼

2020.11.16.
공기업 최초 기후위기경영 선언

▼

2021.3.16.
물특화 ESG경영 선포

2

뉴노멀 시대,
새로운 미래를 향해

뉴노멀(New Normal) 시대, K-water 전략 가치체계

2017년 창립 50주년, 2018년 물관리 일원화와 2019년 물관리 기관 기능 조정을 거치면서 K-water는 미래 100년의 새로운 출발선 앞에 서게 된다. 그리고 2020년 기후 위기와 코로나19 팬데믹, 디지털 전환의 뉴노멀(New Normal) 시대 급변하는 경영환경을 분석하고 미래 비전 실현과 지속 가능한 성장을 위해 퀀텀점프를 선언한다. 국민과 함께 도전하고 국민 눈높이에 맞는 혁신 성과를 만들고자 경영방침과 가치전략체계를 재정립하였다. 이 장에서는 대전환 시대, 희망찬 미래로 도약하기 위한 K-water 전략과 가치체계를 소개한다.

K-water

World Top K-water
신경영 선언

이신제

'물관리 일원화'로 전기 마련

2017년은 헌정 사상 최초로 대통령 탄핵안이 인용되고 12월이 아닌 5월에 대선을 치르는 등 정치적 격동기였다. 대한민국의 물관리 정책에도 큰 변화가 일었다. 본격적으로 물관리 일원화가 논의된 것이다. 물관리 일원화란 수량과 수질 분야를 통합 관리하여 보다 효율적이고 효과적인 물순환 체계를 만드는 것을 말한다.

물관리는 크게 ▲댐, 보와 하천의 수량 ▲물환경 및 생태관리 수질 ▲태풍, 호우, 폭설 등 수재해 분야로 구분한다. 우리나라에서는 그동안 정부 부처별로 물관리 업무를 분담해왔다. 수량은 국토교통부, 수질은 환경부, 수재해는 행정안전부 소관으로 분절된 관리 체계를 가지고 있었다. 1990년대 초반까지는 수량과 수질 모두 당시 건설부(현 국토교통부)가

관리했으나, 1991년 낙동강 페놀 유출 등 수질 사고가 연달아 발생하자 수질 관리를 강화하기 위해 해당 업무를 당시 환경처(현 환경부)로 이관하였다.

하지만 물길은 하나인데 관리 부처는 여럿이다 보니 사업 간 연계성은 부족해지고 반대로 중복되는 사업도 생겨 '예산 낭비'라는 지적을 받기 일쑤였다. 설상가상으로 최근엔 기후변화 이슈로 집중호우, 녹조 발생 및 하천 생태계 변화와 같은 물 관리 현안이 증가하고 수자원의 개발이나 이용과 관련한 물 분쟁도 끊이지 않는 상황이다.

이 문제 해결을 위해 2017년 대선 당시 주요 정당 후보가 모두 '물관리 일원화'를 공약으로 채택했다. 이미 관계 공무원, 교수, 물산업 관계자 등 이른바 '물 전문가'들은 이전부터 우리나라의 고질적인 물 문제를 해결할 해법으로 물관리 일원화를 주장해왔다.

2017년 문재인 정부 출범 이후 본격적으로 물관리 일원화를 논의한 결과 2018년 5월 28일 이른바 '물관리 일원화 3법'(「정부조직법」 개정안, 「물관리기본법」 및 「물관리기술 발전 및 물산업 진흥에 관한 법률」 제정안)이 국회 본회의를 통과하면서 물관리 일원화의 본격적인 출발을 알리게 된다.

「물관리기본법」에서는 국가 물관리의 기본이념과 정책 방향, 원칙을 명확히 제시했다. 우리나라의 모든 물관리 정책은 이를 바탕으로 시행된다. 부처 간 물관리 업무의 유기적인 추진을 위하여 대통령 소속

'국가물관리위원회'와 국가물관리위원회 내 유역별 '유역물관리위원회'를 신설, 물관리에 관한 중요사항을 심의 · 의결하도록 규정했다.

「정부조직법」 개정을 통해서는 기존 국토교통부의 수자원 보전 · 이용 및 개발 기능을 환경부로 이관하여 수질과 수량 업무를 통합 관리한다. 그에 따라 수자원정책국 등 본부조직과 홍수통제소, K-water, 한국수자원조사기술원 등 소속 · 산하기관이 환경부로 소속을 변경하는 조직개편이 이뤄졌다.

구분	기존(국토부)	환경부 이관(2018년)	환경부 이관(202년)
소관 법률 (7개)	• 하천법 • 하천편입토지보상법 • 수자원법 • 댐건설 • 한국수자원공사법 • 지하수법 • 친수구역법	• 수자원법 • 댐건설법 • 한국수자원공사법 • 지하수법 • 친수구역법	• 하천법 • 하천편입토지보상법
기능	• 하천 점용허가 • 하천공사 및 유지보수 • 하천시설 관리 • 홍수통제(수량결정) • 수문조사 • 수자원산업 육성 • 댐 운영관리 • 광역상수도	• 수문조사 • 수자원 산업 육성 • 댐 운영관리 • 광역상수도 • 홍수통제(수량결정)	• 하천 점용허가 • 하천공사 및 유지보수 • 하천시설 관리
조직	• (본부) 수자원정책(4과 1팀) • (소속) 지방국토청(5개) 홍수통제소(4개) • (산하) 수자원공사	• (본부) 수자원정책국 (3개과) • (소속) 홍수통제소(4개) • (산하) 수자원공사	• (본부) 수자원정책국 하천계획과 • (소속) 지방국토청 하천국 (5개)

※ 참고 : 하천편입토지 보상 등에 관한 특별조치법(약칭 : 하천편입토지보상법), 수자원의 조사·계획 및 관리에 관한 법률(약칭 : 수자원법), 댐건설 및 주변지역지원 등에 관한 법률(약칭 : 댐건설법), 친수구역활용에 관한 특별법(약칭 : 친수구역법)

또한 「댐 건설 및 주변 지역 지원 등에 관한 법률」 등 국토교통부 소관 수자원 관련 5개 법률의 담당부처가 환경부로 바뀌었다. 한편, 국가하천 관리 기능은 2018년에는 국토교통부에 남겼으나 신속한 홍수 대응과 효율적인 시설 관리에 문제점이 있다는 의견에 따라 정부조직법을 재개정 하고 2022년 1월 1일부로 해당 업무를 환경부로 이관했다.

2019년 6월에는 물관리 일원화 후속 조치로 환경부 산하 K-water와 한국환경공단 간의 기능이 조정됐다. 환경부는 조직진단 결과 상·하수도, 오염원 저감, 정보시스템 등 6대 분야 21개 업무에서 기관 기능이 중복된다고 판단하고 전문기관 용역, 이해관계자 의견수렴 등 공론화 과정을 거쳐 기능조정(안)을 마련했다. 이에 따라 기관의 고유 업무와 전문역량을 고려해 K-water는 물 이용·공급 분야(상수도)를, 한국환경

분야	조정안
상수도	• K-water 일원화
하수도	• 한국환경공단 일원화 • K-water 댐상류 하수처리장 운영, 비점오염원 저감사업 참여 가능
하수재이용	• 한국환경공단 주관/K-water 협업(생·공용수, 민간투자 분야)
물순환	• K-water 주관
수질	• 한국환경공단 주관/K-water 협업
지하수	• 이용 및 현황 조사는 K-water • 토양 연계 관리, 우심지역 정밀 수질 조사는 한국환경공단
지하수 정보시스템·측정망	• 정보시스템은 K-water 　-협의체를 운영하여 측정망·관측망 신규설치·조정계획 수립 • 측정망·관측망은 통합 설치·운영(K-water),
물산업	• 육성 부문에서 기능별 주관 　(수공 : 수도 등 물 이용, 공단 : 하수도, 오염관리)

공단은 오염관리 분야(하수도)를 전담하고 지하수, 물산업, 수질·물순환 분야에서는 양 기관이 긴밀한 협업체계를 구축하도록 역할을 나눴다.

물관리 일원화와 산하기관 기능조정을 거치면서 K-water는 국민들에게 물관리 전문성을 인정받고 대한민국을 대표하는 물관리 기관으로서의 역할과 위상을 공고히 하게 됐다. 이와 동시에 K-water에는 물관리 일원화 취지에 걸맞은 새로운 물가치와 물이념을 확산하고 통합 물관리 체계를 조속히 정착시켜야 하는 막중한 책임도 주어졌다. 특히 댐~하천~하구까지 물순환 全과정에서 생태와 환경 중심의 건강성을 회복하고 유역 단위의 효율적인 물관리, 지역 간 물 문제 해결을 위한 거버넌스 확립이 중요한 과제로 대두됐다. 또한 국가 상수도를 보다 선진화해 국민 물복지를 향상하고 에너지, 도시, 물산업 육성과 같이 물과 연계된 분야에서도 국민들이 체감할 수 있는 물관리 일원화 성과를 만들어 내야 했다.

통합 물관리 실현을 위한 대도약 선언 2020년 4월

시간은 과거, 현재, 미래로 나눌 수 있다. 사람들은 이 중 '현재'가 가장 중요하다고 생각할 것이다. 러시아 작가 톨스토이는 '가장 중요한 시간은 현재'라고 했고, 독일의 작가이자 철학가 괴테는 '현재에 열중하라. 오직 현재 속에서만 인간은 영원을 알 수 있다'고 했으며, 영국의 시인이자 문학평론가 사무엘 존슨은 '현재의 시간만이 인간의 것임을 알라'고 설파한 바 있다.

과거는 지나간 현재고 미래는 다가올 현재다. 현재는 과거의 유산과 미래의 전망이 교차한다. 그 과정에서 현재는 과거로부터 이어지고, 미래는 현재로 대체된다. 역사학과 미래학은 과거와 현재와 미래 사이에서 기억과 상상의 언어로 '세 가지 시간'의 의미와 관계를 찾아내는 학문이다. 그러나 이런 거창한 이야기가 아니더라도 2020년은 과거에 상상했던 미래와 미래에 기억할 과거가 어느 시기보다 특별한 해가 될 것이다.

과거에 상상한 미래 2020년은 어떤 모습이었을까? 1989년 순수 국산 기술로 제작되어 TV 방영된 '2020년 우주의 원더키디'에서 만화 속 2020년의 지구는 로봇 활용과 우주탐험이 보편화되긴 했지만, 환경오염과 자원 고갈로 더 이상 사람이 살기 어려운 곳으로 묘사된다.

2020년의 실제 모습은 만화에서 예상한 것과 비슷하면서도 달랐다. 인공지능과 사물인터넷, 빅데이터 등과 같은 4차 산업혁명 기술이 조금만 더 진화한다면 만화의 로봇이 현실이 되는 것은 시간문제다. '화성의 식민지화' '인류의 우주 진출' '우주 탐사비용 절감'을 목표로 일론 머스크가 2002년 설립한 스페이스X만 놓고 보더라도 자유로운 우주여행 또한 멀지 않았다. 한편으론 기후변화로 인한 지구의 위기와 파괴가 전 세계적으로 심각하게 점쳐지고는 있지만, 만화에 나온 것처럼 극단적인 절멸과 지구 대탈출은 아직 현실로 다가오지 않았다.

먼 미래에 사람들은 2020년을 어떻게 기억할까? 대부분 마스크를 쓰고 집에 갇혀있던 모습을 떠올릴 것이다. 이 기억이 강력한 이유는 코로나19가 엄청난 인명피해를 입힌 새로운 전염병인 탓도 있겠지만

'포스트 코로나'라는 새로운 시대를 열었기 때문이다. 우리는 감염의 공포로 마스크를 벗을 수 없었다. 생각보다 많은 일을 비대면으로 할 수 있다는 걸 알게 된 만큼 사람들 사이 접점도 작아지고, 움츠러든 만큼 시야도 좁아졌다. '회사=일하는 곳, 집=쉬는 곳'이라는 관념을 탈피해 재택근무와 화상회의로 디지털 전환의 일상이 어떤 것인지도 경험했다. 이와 더불어 그해 8월에 닥친 역대급 홍수는 기후위기가 어떻게 현실로 다가오는지를 경고했다. 수많은 석학들은 "우리는 코로나19 이전의 삶으로 돌아갈 수 없고, 이전과는 완전히 다른 세계에 살게 될 것"이라고 공언했다. 중세 유럽의 교회 권력과 봉건제에 균열을 낸 것은 페스트였고, 대항해 시대 신대륙 진출로 아메리카 원주민의 몰락을 재촉한 질병이 천연두였듯 미래의 인류는 2020년을 코로나19 가 '역사를 바꾸어 놓은 해'로 기억할 것이다.

K-water의 2020년도 이와 같은 과거의 상상과 미래의 기억 속에서 규정될 것이다. 하지만 다른 것이 하나 있다. 바로, 100년 기업으로 가는 이정표, '퀀텀점프'이다.

2020년 2월의 마지막 날, K-water 제15대 박재현 사장이 취임한다. 기후변화와 디지털 전환, 코로나19라는 문명사적 위기와 전환의 시대, 임직원들과 함께 새로운 변화와 도약의 출발선에 선 그가 제시한 경영 화두는 퀀텀점프(Quantum Jump)였다. 퀀텀점프는 원래 대약진, 대도약을 뜻하는 물리학 용어다. 연속적으로 조금씩 발전하는 게 아닌 한 번에 급속도로 뛰어올라 다음 단계에 다다르는 것을 말한다. 경제학에서는 이 개념을 차용해 기업이 혁신을 통해 단기간에 비약적인 성장이나 발전을 이뤘을 때, 스포츠에서는 어떤 선수가 불가능해 보이는 목표나 기록을 달성했을 때 '퀀텀점프'라고 한다.

K-water의 퀀텀점프 배경에는 뉴노멀(New Normal)로 명명되는 사회 구조의 패러다임 전환이 있다. 코로나19 확산, 4차 산업혁명 기술의 발전, 기후위기 심화, 초고령사회 진입과 인구감소, 경제불황의 고착, 불안한 국제정세 등은 이제 경영환경의 변수가 아니라 상수로 고착됐다. 조직 내부 상황도 녹록하지 않았다. 4대강 사업 등 대규모 국책사업 수행으로 인한 높은 부채비율은 계속해서 경영의 족쇄가 됐고 댐, 수도, 도시조성과 같이 기능 단위로 분절된 기존의 사업구조는 새로운 돌파구가 필요했다. 많은 노력에도 불구하고 기관의 청렴도는 좀처럼 개선될 여지를 보이지 않았고, 기존 세대와는 다른 가치관으로 무장한 MZ세대 들이 입사하며 보다 성숙한 조직문화 구축도 중요한 과제로 대두됐다. 새로운 표준 뉴노멀(New Normal) 속에서 국가 물관리를 혁신하고 K-water의 지속 가능한 성장을 도모하기 위해서 기존 경로를 과감히 뛰어넘는 질적 전환, 즉 퀀텀점프가 필요해진 것이다. 완만하고 조심성 있는 변화로는 급변 하는 경영환경을 돌파할 수 없다는 냉철한 현실 인식의 결과였고, '환경·생태가치 기반의 국민중심 물관리'로 최고의 성과를 만들어내 겠다는 굳건한 의지이기도 했다.

이런 배경에 따라 K-water는 2020년 4월 '세계 최고의 물종합 플랫폼 기업'을 향한 'World Top K-water 新경영방침'을 천명하고 본격적인 퀀텀점프를 선언한다. 그리고 퀀텀점프 지향점을 '국민중심 물관리', '글로벌 기술선도', '역동적 혁신소통' 3대 경영 방향으로 구체화하였다.

우선 '국민 중심 물관리'란 안전하고 깨끗한 유역 관리, 국가 수도 선진화, 포용적 물 복지 확대, 청정 물 에너지 공급 등으로 국가와 국민이 부여해 준 '통합 물관리' 임무를 완벽하게 수행한다는 의미다. '글로벌 기술 선도'는 4차 산업혁명의 핵심기술을 확보해 물산업 생태계를 육성·발전시키고, 이를 통해 미래 물관리를 혁신하고 물 분야 국제협력도 강화하겠다는 의지이다. '역동적 혁신소통'은 적극적인 내·외부 소통 활동을 기반으로 유역 물관리 거버넌스를 강화하는 한편, 역동적인 조직문화를 정립하고 인사·평가·교육 등 경영 전반에 혁신 시스템을 구축한다는 내용이다.

퀀텀점프 도약을 위한 비전과 혁신 방안을 수립하기 위해 'K-water 퀀텀점프 기획단'이 꾸려졌다. CEO가 직접 단장을 맡고 사내 전문가 84명이 참여했다. 이들은 미래 물관리 및 경영혁신 분야 9개 분과를 구성·운영하고 대도약을 위한 세부 실행과제를 논의·발굴했다. 그리고 물관리·디지털·휴먼 분야 외부 전문가 116명이 참여하는 대규모 '퀀텀점프 자문단'을 발족시켜 사회·정책·기술분야의 메가트렌드 (Mega Trend)를 전망하고 혁신과제 자문 기능을 수행하게 했다. 자문단과 별도로 학자, 컨설턴트, 스타트업 대표 등 다양한 직능전문가의 특강과 집단토론을 개최해 미래 통찰의 자양분을 얻기도 하였다.

한편 퀀텀점프의 성패는 구성원의 역량과 의지를 한곳으로 모아 내는 데 달려 있다고 판단하고 아래로부터의 참여와 의견수렴 활동도 소홀히 하지 않았다. 퀀텀점프 기획·자문단 운영의 주요 과정을 온라인 방송과 소통 채널을 통해 전체 구성원들과 공유했고 코로나19로 인한 사회적

퀀텀점프 기획단 구성·운영

* 9개 분과, 총 84명
* 총괄간사 : 미래전략실

자문단 外 외부전문가 특강·토론 시행(8회, 2020년 4~6월)

1. 소통·혁신 경영(4.24, 컨설턴트)
2. 애자일 경영(5.11, 애자일 코치)
3. 디지털 기술(5.12, 칼럼니스트)
4. 플랫폼·디지털 전환(5.13, 투자사 대표)
5. 로봇·AI(6.1, 스타트업 대표)
6. 전환시대의 뉴딜(6.4, 작가)
7. 포스트 코로나와 그린 뉴딜
   (6.10, KDI 스쿨 원장)
8. 국책사업과 지속가능한 발전
   (6.16, 서울대 환경대학원장)

거리두기의 제약 속에서도 전사 경영 회의, 유역본부별 방문설명회 (4회)와 같은 대면 활동을 거쳐 전략의 정교함을 더했다.

K-water 신가치체계 및 전략과제

퀀텀점프는 높은 곳을 향한 힘찬 발돋움이다. 도약하려면 발 디딘 현실에 대한 정확한 인식과 마주할 미래에 대한 정교한 예측이 선행돼야 한다.

따라서 글로벌 메가트렌드와 미래 예측의 중요한 시사점을 도출하는 것이 중요하다. 퀀텀점프 기획단의 진단과 분석, 자문단과의 토론과 검증을 통해 뽑아낸 주요 트렌드는 '① 기후위기에 따른 물관리 불확실성 증가 ② 물안전·물복지에 대한 국민 눈높이 상승 ③ 기후위기를 막아낼 저탄소·친환경 사회구조 전환 ④ 4차 산업혁명 기술 발전으로 전 사회 부문의 디지털 전환 가속화' 등이다.

한편 당시 문재인 정부는 코로나19 경기침체 극복과 선도형 국가 모델 구축을 위해 디지털·그린 중심의 한국판 뉴딜(New Deal) 사업을 본격화하고 이 과정에서 공공부문에 적극적인 마중물 역할과 지속적인 혁신을 요구해왔다. 베올리아(VEOLIA)와 수에즈(SUEZ) 등 글로벌 물기업은 신속하고 민첩한 대응 중심의 애자일(Agile) 조직을 기반으로 민간 협력, 사내벤처·스타트업을 육성해 디지털 물관리 역량을 한층 키워가고 있었다. 기후위기, 탄소중립, 디지털, 한국판 뉴딜, 애자일, 혁신과 같은 미래 키워드 앞에 K-water가 서게 된 것이다.

조직 자체 역량에 대한 객관적인 진단도 대도약의 필수조건이다. K-water는 2018년 물관리 일원화, 2019년 물기관 기능조정 이후 수량-수질-수생태 등 물의 모든 분야를 통합 관리하며 물순환 전체를 사업 영역으로 삼는 국내 유일한 기관으로 자리매김했다. 또한 수력, 조력, 수상태양광 등 국내 신재생에너지 1위 기업이라는 역량에 경기 시화지구, 부산 에코델타시티(EDC, Eco Delta City) 등 스마트 도시 조성 경험을 더해 '물-에너지-도시 넥서스(Nexus)'를 완성할 적임자로 평가받았으며, 2014년 파주 스마트워터시티(SWC, Smart Water City) 시범사업 이후 물관리 디지털 역량을 지속적으로 축적하고 있었다. 무엇보다 신임 CEO 취임 이후 구성원 간 신뢰와 공감을 기반으로 '100년 기업'을 향한 미래 도전 의지와 자신감이 조직 내부에 가득 차 있었다. 퀀텀점프 역량은 충분한 상태였다.

깊은 고민과 분석 끝에 K-water는 퀀텀점프 미래 비전으로 '세계 최고의 물종합 플랫폼 기업'을 제시하며 기후변화, 디지털 전환과 같은 복합적 뉴노멀 시대, K-water의 물-에너지-도시 분야 사업역량과 노하우를 바탕으로 지역상생, 물산업 육성, 국제협력 등을 통해 전 세계 물 문제 해결에 기여하고 글로벌 스탠더드를 구현하는 디지털 플랫폼 기업으로 도약하겠다는 의지를 다졌다. 아울러 비전 달성을 위한 핵심 가치를 '포용, 안전, 신뢰, 도전'으로 설정하고 이를 조직의 의사결정과 구성원의 행동규범 기준으로 삼았다. 재정립한 핵심 가치에는 유역 자연성 회복과 물복지 실현, 사회적 가치 창출은 물론 글로벌 물 문제를 해결하겠다는 의지(포용), 기후위기로 인한 물재해로부터 수질사고, 안전사고까지 Zero로 만드는 사회안전망 구축(안전), 통합 물관리부터 물산업 혁신 생태계 조성까지 상생 협력 경영을 실천(신뢰), 기존 경로를 뛰어넘어 기후위기·디지털 시대 글로벌 물관리 플랫폼을 선점하는 과감한 도약(도전)의 의미를 담았다.

K-water의 미래 비전과 新가치체계의 구체적 실천을 위해 이에 부합하는 50개 혁신과제를 발굴하고 국민과 이해관계자 관점에서 구체화한 7대 전략과제와 미래상도 도출했다.

미 션

물이 여는 미래, 물로 나누는 행복

비 전

세계 최고의 물 종합 플랫폼 기업

슬 로 건	국문	세상에 행복을 水놓다, World Top K-water
	영문	K-water : Linking Nature and People

핵 심 가 치	포용	안전	신뢰	도전

경 영 방 침	국민중심 물관리	역동적 혁신소통	글로벌 기술선도

	7대 전략과제	전략목표('30년)
전 략 과 제	① 자연과 사람이 함께하는 우리 강	수질목표 1 b등급 100% 달성('25년)
	② 수돗물을 즐겨 마시는 시민들	수돗물 음용률(직접+간접) 90% 달성
	③ 기후위기에 대응하는 탄소중립 물관리	온실가스 감축량 1,192천tCO2eq 달성
	④ 디지털로 만드는 e로운 물관리	디지털 트윈(댐, 정수장) 100% 달성
	⑤ 삶의 질을 높이는 미래 물순환 도시	스마트워터시티 40개소 확산
	⑥ 경제를 살리는 물산업 혁신 생태계	일자리 25만개 창출
	⑦ 국민과 소통하는 변화·혁신 경영	신뢰경영지수 85점 달성('22년)

7대 전략과제 중 첫 번째는 '자연과 사람이 함께 하는 우리 강'이다. 환경과 생태 중심의 물관리와 더불어 국민 소통과 참여 기반의 유역 관리체계를 구축해 2030년까지 K-water 모든 댐의 수질 1등급 달성을 목표로 한다. 두 번째 전략과제는 '수돗물을 즐겨 마시는 시민들'이다.

노후 수도시설을 개선하고 물 공급 전 과정을 스마트 운영관리 체계로 전환하는 한편, 지역 간 물 공급 서비스 격차를 해소해 2030년까지 K-water가 관리하는 시설의 수돗물 음용률을 90%까지 끌어올릴 계획이다. 세 번째는 '기후위기에 대응하는 탄소중립 물관리'로 수상태양광, 수열에너지 등 청정 물에너지 개발을 확대하고 수돗물 생산 과정에서 온실가스 순 배출량을 '0'으로 줄임으로써 2030년까지 온실가스 119만 2,000톤을 감축함과 동시에 43개 모든 광역정수장의 탄소중립 실현을 목표로 한다.

네 번째는 '디지털로 만드는 e로운 물관리'다. 물 데이터 활용·유통 확대와 더불어 디지털 기술로 물순환 관리 체계를 완성하고 디지털 역량 강화를 중점적으로 추진해 2030년 댐과 정수장을 100% 디지털 트윈으로 구현한다는 구상이다. 다섯 번째는 '삶의 질을 높이는 미래 물순환 도시'다. 상수도, 물순환, 도시홍수, 친수, 물에너지 등 물특화 기술을 적용한 스마트워터시티 표준 플랫폼을 개발하고 부산 EDC 등 스마트 도시를 국내·외에 확산하며 도시 물 문제를 해결하고 미래 도시가치를 혁신한다는 내용이 주요 골자다. 목표는 2030년까지 스마트워터시티 40개소 조성으로 설정했다.

여섯 번째 과제는 '경제를 살리는 물산업 혁신 생태계'다. 역동적인 물산업 생태계 조성을 위해 스타트업 발굴과 벤처기업 육성 등에 투자를 확대하고, 국제협력플랫폼 역할로 민간 물기업의 해외 진출과 전 세계 물 문제 해결에 기여하는 것이 핵심 내용이며 이를 통해 2030년까지 총 25만 개의 일자리를 창출할 계획이다.

World TOP K-water 퀀텀점프 기획단 세부과제 MAP(50개)

국민중심 물관리
Think ! Public & Nature 1st

역동적 혁신소통
Open ! Dynamic & Agile

글로벌 기술선도
Promote ! Smart Water Platform

수자원 분과(10개)

① 탄소 중립 지향형 물관리
② 국가 물재해 대응 역량 제고 선도
③ 지표수-지하수 연계 강화를 통한 물이용 효율 제고
④ 윗물~댐~하류까지 통합 물환경 관리
⑤ 생태와 문화, 안전이 함께하는 댐 리노베이션
⑥ 스마트 친환경 하천관리
⑦ 맑은물 기반 유역 물 문제 해결 지원 강화
⑧ 유역 스마트 물관리체계 구축
⑨ 유역 물순환 全과정 정량화
⑩ K-water 물관리 S/W의 글로벌 스탠더드화

조직 / 창의혁신 분과(3개)

㉔ 조직 다양성 등 유연한 조직체계 운영
㉕ 프로젝트 기반 성과 창출형 R&D 조직 구축
㉖ 창의혁신 역량 결집

기술전략/빅데이터/디지털 전환 분과(8개)

㉝ K-Technology 기술전략 수립
㉞ 국가 물 데이터 표준화 및 통합 활용체계 구축
㉟ 환경 빅데이터 유통거래 활성화
㊱ RS기반 수자원 빅데이터 분석활용 체계 마련
㊲ (수도) AI, IoT 기반 스마트 관망관리 기술 구현
㊳ (댐) 스마트 댐 안전관리 혁신
㊴ (업무환경) 디지털 기반 비대면 업무환경 혁신
　㊴-1. RPA를 통한 일하는 방식 디지털 전환
㊵ (근로자 안전) IoT 기반 스마트 안전기술을
　활용한 안심일터 조성

수도/물복지 분과(9개)

⑪ 스마트 상수도 인프라 구축
　⑪-1. 취수원 수질감시 고도화 및 AI 정수장 구축
　⑪-2. 스마트 관망관리 인프라 구축
⑫ 실시간 국가 상수도 통합 모니터링체계 구축
⑬ 빅데이터 기반의 대국민 물정보 제공 서비스
⑭ 차세대 도시 용수공급시스템 구축
⑮ 수돗물 생산시스템 고도화
⑯ 전국 수돗물 공급망 안정화
　⑯-1. 도심 속 디지털 약수터
⑰ 상수도 유지관리 시스템 선진화
⑱ 물 이용 취약지역 물 복지 향상
　⑱-1. 사회취약계층 물복지 서비스 강화
⑲ 광역-지방상수도 연계·통합 강화

인사/평가/인재육성 분과(3개)

㉗ K-water 경영에 숨직원
㉘ Growth mindset(성장과 보상) 최우선 설정
　직무교육체계 고도화를 통한 미래인재 양성
　㉘-1. 디지털 융복합 인력 양성
㉙ 대내외 환경변화에 유연한 Agile 평가체계 구축

스마트워터시티/플랫폼 분과(4개)

㊶ 스마트워터 스탠더드 플랫폼 정립 및 개발
　㊶-1. 플랫폼 솔루션 모듈 공동개발 및 확산
㊷ 부산 EDC 스마트시티 시범도시 성공적 조성
㊸ 스마트 물순환도시 조성
㊹ 시화지구 미래형 융복합도시 조성

에너지 분과(4개)

⑳ 친환경 녹색 전환 수상태양광 사업 확대
㉑ 지속가능한 청정 수열에너지 보급 확대
㉒ 녹색전환 탄소중립(Net-Zero) 사업 추진
㉓ 신재생에너지 소규모 전력 중개거래 추진

홍보/조직문화/거버넌스 분과(3개)

㉚ 경영활동 전반에 대한 국민소통·참여 플랫폼 구축
㉛ 국민과 함께하는 문화홍보 체계 강화
㉜ 직원간 열린 소통을 위한 플랫폼 구축

물산업/국제협력 분과(6개)

㊺ 물산업 유니콘 육성 및 수출 플랫폼 구축
　㊺-1. 물산업 벤처투자펀드 확대 및 모던드 조성
㊻ 분성형 물산업 혁신 실증센터 구축·운영
㊼ 국제협력 강화로 글로벌 물 문제 해결 지원
　㊼-1. UN SDGs 기여를 위한 국제협력 플랫폼 구축
㊽ 상생가치 지향의 내실있는 해외사업 추진
㊾ 글로벌 지식 교류 및 R&D 협력 강화
㊿ 남북한 통합 물관리 실현

마지막 일곱 번째 전략과제는 '국민과 소통하는 변화·혁신경영'이다. 내부 직원은 물론 일반 국민과도 자유롭게 의견을 교류할 수 있는 실시간 소통 플랫폼을 구축하고, 급변하는 시대의 흐름에 민첩한 대응과 신속한 의사결정을 가능케 하고자 조직, 인사, 교육, 평가 분야에 애자일(Agile) 인재경영을 도입해 2030년까지 신뢰경영지수 85점을 달성하는 등 국민이 체감할 수 있는 성과를 창출하고자 한다.

K-water는 홍수, 가뭄 등 물재해로부터 국민의 생명과 재산을 지키고 국민에게 깨끗하고 안전한 물을 공급하는 것을 기본 책무로 하는 국민의 공기업이다. K-water의 퀀텀점프는 오직 국민만 바라보며 미래 물관리 혁신과 지속 가능한 성장을 이루겠다는 다짐이며 도약과 변화의 성과는 온전히 국민에게 그대로 돌려드리겠다는 약속이다. 미래 비전과 新가치체계를 정립하는 과정에서 가장 중요한 것은 국민이 이해하기 쉽고 공감할 수 있는 내용을 만드는 것이었다. 퀀텀점프 자문단의 전문가들은 기존 K-water의 비전인 '모두가 누리는 건강한 물순환 서비스 파트너'가 국민에게 쉽게 와닿지 않는다고 지적한 바 있다. 따라서 K-water는 '세계 최고의 물종합 플랫폼 기업'이라는 새로운 비전을 설정하며 K-water가 지향하는 방향을 국민이 직관적으로 이해하고 쉽게 동의할 수 있도록 하는데 주안점을 두었다. 또한 앞서 소개한 7대 전략과제와 물관리 미래상, 50개 세부 혁신과제도 국민 눈높이에서 국민이 체감할 수 있는 실천내용으로 구체화했다. 2020년 7월 15일, 국민에게 K-water의 새로운 비전과 물관리 미래상을 소개하고, K-water의 퀀텀점프를 다짐하는 비전선포식도 같은 맥락으로 구성했다. 정부, 국회, 학계, 산업계, NGO 등 각 분야의 인사들이 비전선포식에

참여해 다양한 의견을 개진하고, K-water는 유튜브와 페이스북 등 SNS를 통해 조직의 新가치체계를 알림으로써 국민의 응원과 관심 속에서 도약의 기틀을 다지기 위해 각별한 노력을 기울였다.

공기업 최초 기후위기경영 선언 2020년 11월

2020년 7월 8일 자 한 일간지 기사 제목 '온난화의 복수? 하늘이 뚫렸다'는 2020년 의 기록적인 폭우를 그야말로 있는 그대로 표현했다. 2020년에는 기상 관측이 시작된 1973년 이래 역대 최장기간 장마가 이어져 전국 강수일수 역대 1위, 강수량

은 2위를 기록했다. 심지어 섬진강 유역은 500년 빈도(500년에 한 번 내릴 수 있는 규모의 강우량)를 초과하는 집중호우가 발생했다. 그해 폭우로 전국 각지에서 이재민이 발생하고 농경지가 침수됐으며 산사태, 시설물 유실, 정전 등 엄청난 재산과 인명 손실을 겪었다. 그해 폭우는 우리나라에서만 발생한 이례적인 일이 아니었다. 같은 해 미국 미시간주에서는 500년 만의 대홍수가 일어났고, 일본 규수에는 관측 이래 최대 폭우가 내렸다. 중국 남부지역 역시 무자비하게 쏟아진 비 때문에 큰 피해를 보았다. 그리고 2022년 여름 115년 만의 폭우로 물바다가 된 수도(首都) 서울, 포항지역 하천 범람과 침수로 멈춰버린 철강 공장을 보면서 기후변화가 위기를 거쳐 재앙에 가까워졌음을 인정할 수밖에 없었다.

기후의 사전적 의미는 '일정한 지역의 여러 해에 걸쳐 나타나는 날씨의 평균 상태'이다. 최근에는 기후에 '정의, 인권, 난민, 부채, 행동' 등 정치·경제·사회적 개념과 가치가 더해져 파생·연관 단어가 끊임없이 생겨나고 있다. 전문가 사이에서 기후위기의 세부 원인과 구체적 전망이 조금씩 엇갈리기는 하지만 지구의 기후가 인간에게 불리한 방향으로 변하고 있고 지구와 인류의 미래에 위협이 될 수 있다는 사실은 누구도 부인할 수 없다. 전 세계 곳곳에서 '홍수와 폭설과 한파' '가뭄과 폭염과 산불' 기후변화의 양 극단이 말 그대로 물불 안 가리고 우리 삶을 위협하고 있다.

기후위기의 대표적인 원인으로 산업화 이후 온실가스 배출이 증가하며 지구의 평균기온을 올린 이른바 '지구온난화'가 꼽힌다. 2020년 기준 지구 온도는 14.9℃였는데, 산업화 이전(1850~1990년 지표면, 해수면 온도 평균)보다 1.1℃ 정도 높으며 그 폭은 앞으로 더욱 커질 것으로 예측된다.

지구 평균온도 상승을 멈추고 기후위기에 대응하려는 국제적 노력도 꾸준히 이어지고 있다. 1997년에는 주요 선진국이 모여 온실가스 감축 목표치를 정한 교토의정서를 채택했고 2015년에는 전 세계 195개국이 '지구평균온도 상승 1.5℃ 이내로 억제, 국가별 자발적 온실가스 감축 목표 설정, 글로벌 협력 강화'를 주요 내용으로 하는 파리기후변화협약을 체결했다. 이에 따라 EU, 중국 등 세계 주요국과 글로벌기업은 국가별 온실가스 감축목표(NDC)를 설정하고 온실가스 순 배출량 '0'을 달성하는 탄소중립(Net-Zero)을 목표로 삼는 등 적극적으로 기후위기 대응에 나서고 있다. 우리나라도 2020년 10월 '2050 대한민국 탄소중립'을 선언하고 이를 반영한 '2050 국가 장기 저탄소 발전전략'을 수립해 UN에 제출하는 한편, 2021년 10월에는 2030년 국가 온실가스 감축목표(NDC)를 2018년 대비 40%로 상향하는 등 기후위기 극복을 위한 전 세계적 노력에 동참하고 있다.

기후위기 대응과 극복은 정부뿐만 아니라 사회의 모든 구성원이 함께 참여하고 노력할 때 가능하다. K-water는 국가 탄소중립을 선도하고 전 세계적 기후위기 극복 노력에 동참하기 위해 2020년 11월 공기업 최초로 기후위기경영을 선언했다. UN 산하 세계기상기구(WMO)가 정의한 바에 따르면 기후위기경영이란 '사회경제적·환경적 회복탄력성(Resilience)과 지속가능성(Sustainability) 증진을 위해 기후변화의 위험 및 기회를 관리하는 경영'이다. 즉 기후위기를 기업경영의 중요한 요소로 인식하고 효과적으로 대응해 새로운 성장의 기회로 활용하기 위한 제반 경영활동을 의미하는 것이다. K-water의 기후위기경영 선언은 기후변화와 탄소중립의 핵심 고리인 물관리를 책임지는 공기업으로서 가장 먼저 기후위기 극복을 위한 전략을 구체화하고 행동해야 한다는 책임감의 발로였다.

K-water의 기후위기경영은 '완화', '적응', '전환' 3가지 전략으로 구성된다. 우선 기후위기 완화 전략은 경영활동과 사업수행 과정에서 온실가스를 체계적이고 조속하게 감축하는 것이다. 환경·생태가치를 높여 댐, 하천을 저탄소 그린인프라로 바꾸고 탄소배출이 없는 청정 물에너지 공급을 확대하는 한편, 수돗물 생산과정에서 탄소중립을 실현하는 것 등을 포함한다.

적응 전략은 기후변화로 인해 빈번해지는 홍수, 가뭄, 수질사고 등 물재해에 대한 대응을 강화하고 AI, ICT, 드론 등 4차 산업혁명 기술을 활용해 유역 물관리와 스마트 상수도 관리 시스템을 구축하는 것으로 기후위기 취약성을 해소하고 복원력을 높이는 것을 의미한다.

마지막으로 전환 전략은 물산업 육성과 해외 동반진출 확대, 기후탄력 환경도시 조성, 디지털워터플랫폼 구축 등과 같이 기후위기를 극복하기 위한 기술을 개발하고 시장을 창출해 지속가능한 성장의 기반을 만들고 위기를 기회로 전환한다는 내용이다.

K-water는 기후위기경영 선언이 일회성 이벤트에 그치지 않고 기후

위기와 탄소중립에 대한 사회적 관심과 담론으로 이어지도록 다양한 후속 활동을 전개했다. 2020년 11월에는 정부 부처 합동으로 2020년 여름 홍수의 원인을 철저히 분석한 후 「풍수해 대응 혁신 종합대책」을 마련하여 물재해 대응 역량을 키웠다. 같은 해 12월에는 사내 조직에 녹색전환본부를 신설하고 공공기관 최초 글로벌 RE100 가입(2021년 4월) 및 「2050 K-water 탄소중립 로드맵」 수립(2021년 11월) 등 공공부문의 기후위기 대응을 이끌었다.

또한 '적응(기후적응), 완화(탄소중립), 전환(순환경제)' 관점으로 경영전략을 재정립해 기후위기 시대 World Top 글로벌 기업의 기반을 구축했다. 그 성과로 기후변화학회로부터 기후변화 공로상을 수상하게 된다. 이외에도 환경부 산하 「공공기관 탄소중립 실천 공동선언」(2020년 12월)을 이뤄내고 기후위기 극복 토크콘서트(2021년 3월)를 개최하는

기후위기 극복 토크콘서트(2021년 3월)

등 기후위기 대응 논의를 공공부문을 넘어 국민에게까지 확산하고자 노력했다.

공공기관 최초 물특화 ESG경영 선언 2021년 3월

K-water의 혁신은 퀀텀점프 선언에 그치지 않았다. 도전을 멈추면 끊임없이 도래하는 위기에 언젠가 취약해지기 마련이고, 경영환경 변화에 적응하지 못한다면 지속가능한 성장은 물론 생존 또한 요원하다. 급변하는 글로벌 트렌드와 패러다임 전환의 기회를 기민하게 포착하고 전략과 혁신의 방향을 끊임없이 탐색할 때 미래를 향한 진화와 도약이 가능하다. 무엇보다 코로나19 이후 지속가능성을 확보하는 게 중요해지고 ESG경영이 새로운 트렌드로 부상함에 따라 이에 걸맞은 프로세스가 K-water에 필요했다.

ESG경영이란 기업활동에 있어 기존 재무적 가치와 함께 '친환경(Environmental), 사회적 책임(Social), 투명한 기업지배구조(Governance)'와 같은 비재무적 가치를 추구하며 기업과 사회의 지속 가능 성장과 복원력을 강조하는 경영철학이다. 2021년 연기금 등 글로벌 투자운용사들은 기업경쟁력을 평가하는 중요한 투자 기준으로 ESG를 활용하기 시작했고, 우리나라를 포함한 세계 주요국들이 ESG 정보공시 의무제도를 도입하는 등 제도화를 추진하면서 국내 유수의 기업들도 ESG경영이라는 새로운 패러다임에 뛰어드는 상황이다.

K-water는 2021년 3월 경영전략의 또 다른 축으로 '물특화 ESG경영'을 노사 공동으로 선언하고 새로운 변화 의지를 대외에 선포한다.

이는 공공기관 최초 사례이자, 물의 가치를 특화한 기관 고유의 ESG경영으로 국민 물안전과 물복지 실현 및 미래 물관리 도약을 약속한 것이다. 최고경영자와 노동자 대표의 다짐은 구체적인 실천으로 이어졌다. 먼저 가치전략체계 내 ESG경영원칙을 신설하여 임직원 모두가 ESG가치의 지향점을 명확하게 공유·인식하도록 했고, 업무수행 全과정에서 가장 먼저 따라야 할 행동규범과 의사결정기준으로 ESG가치를 내재화하게 된다.

또한, 중장기 경영전략도 '친환경 생태 중심 물관리(E)', '포용, 상생, 안전 등 사회적 가치 실현(S)', '국민소통협력 강화와 윤리경영 실천(G)' 관점으로 과제를 재정립한 후 장기 로드맵을 마련해 성과 창출의 기반을 만들 수 있었다.

ESG경영원칙

E 환경(Environmental)
인간과 자연의 지속가능한 공존을 추구한다.

S 사회(Social)
상생을 통해 사회의 공동선(善)을 지향한다.

G 지배구조(Governance)
소통을 바탕으로 투명하게 의사결정을 한다.

ESG경영을 위한 추진 체계도 정비했다. ESG경영 전담조직을 신설하고 최고 의사결정기구인 이사회 내 「ESG경영위원회」를 설치(2021년 9월), 비상임이사의 환경·거버넌스 전문역량을 활용하여 ESG경영 주요 사항을 총괄·심의하는 기능을 갖췄다. 이와 별도로 외부전문가들이 참여하는 「ESG경영 자문단」을 구성해 K-water의 ESG경영 추진 방향과 현안에 대한 거시적·심층적 자문을 맡기고 실행-감독-개선 체계를 완비했다.

K-water의 선도적인 ESG경영 실천 노력은 구체적인 성과와 대외의 인정으로 이어졌다. K-water는 2021년 ESG경영 기관평가에서 공공기관 최고 수준인 'A등급(우수)'을 획득하고 공기업 1군 최초로 ESG채권을 발행해 800억 투자자금을 유치했다. 2021년 ESG 공공기관 대상 수상과 다수의 ESG경영 우수사례 발표를 통해 공공과 민간부문 ESG경영 확산에 기여했다는 평가를 받았으며, 2022년에는 중장기 전략경영계획 내 ESG경영전략을 신설하고 경영 프로세스를 혁신하는 등 끊임없는 노력으로 전년도보다 한 등급 높은 'AA등급(최우수)'을 달성했다.

하지만 무엇보다 가장 큰 성과는 ESG경영 혁신을 선도하고 있다는 구성원들의 자부심과 '물-에너지-도시 그리고 ESG 넥서스'로 100년 기업 K-water의 미래 도약 기틀을 다졌다는 자신감이라고 할 수 있을 것이다.

대도약과 ESG혁신의 힘찬 엔진 – 경영진 숙의토론

과거 K-water 회의 문화를 되돌아본다. 매월 정해진 날짜에 사업별·기능별로 업무실적과 계획을 통일된 양식의 문서로 작성해 발표하면 CEO의 질의와 지시가 이어진다. 각 부서에서 자랑할 만한 성과는 매력적인 모습으로 포장돼 회의에 올라오지만 정작 진도가 저조하거나 난관에 봉착해 해결이 필요한 중요한 문제는 빠지기 일쑤다. 경영환경의 변화를 포착한 유연한 사고는 회의 석상에서 보기 어려워지고, 매년 정기적으로 개최되는 캘린더 행사 공유와 각종 경영실적에 대한 단편적 의견 교환만 반복됐다.

뉴노멀 시대의 새로운 경영방향으로 채택된 퀀텀점프 전략과 ESG경영에 걸맞도록 경영진 회의체도 새롭게 진화해야 했다. 퀀텀점프 전략의 실행체계와 추진 과정도 주기적으로 점검하고 성과와 한계를 분석하기 위해서 경영진의 노력이 뒷받침되어야만 하기 때문이다. 대외적으로는 구성원들의 능동적 참여를 북돋우고 토론과 의견 표출을 통해 공공문제 해결을 지향하는 숙의민주주의가 부상하면서 정책 결정의 오류와 갈등을 줄이는 새로운 사회운영 원리로 자리 잡았다. 2017년 신고리 원전 5·6호기 건설 공론화를 계기로 숙의민주주의에 대한 국민적 관심이 촉발돼 대입제도 개편과 같은 국가적 의제뿐만 아니라 지역개발이나 민생현안과 관련된 이슈에서도 숙의 절차와 참여를 통한 공론화 과정을 거쳐 해결책을 모색하는 움직임이 계속 확산되었다. K-water의 경영진 회의도 '보고와 지시' 중심이 아니라 경영진들의 서로 다른 논거와 가치가 공론의 장에서 경합하고 토론을 통해 다양한 경영 대안들이 최적 솔루션으로 융합

해나가는 방향으로 변화가 필요했다. 2021년 2월 K-water 경영진 숙의
토론은 그렇게 탄생하게 된다.

경영진 숙의토론은 주제 선정부터 시작한다. 중장기 경영목표와 전략
경영계획 중 전사 역량 결집이 필요하고 목표 달성 시 국민 체감 성과가
높은 과제를 '전사 핵심과제'로 선정한다. (2022년 45개 과제)

전사 핵심과제는 매월 모니터링을 통해 정상 · 부진 여부를 점검하고
이 중 정부 정책 선회 등 경영 여건의 변화로 추진이 지연되거나, 전략
보완을 위해 경영진의 노하우가 필요한 과제를 도출해 해당 월의 토론
주제로 삼는다.

회의자료 작성은 그 다음 단계다. 다만 직원들의 업무 부담을 최소화하기

위해 주제와 관련된 설명을 A4 3장 이내로 짧게 작성하되 구체적인 쟁점에 대한 실무형 논의가 가능하도록 어젠다 설정에 집중해 실질적 문제해결에 기여하게 했다. 마지막 토론 단계에선 지위와 형식과 무관하게 자유롭게 발언할 수 있다. 활발한 토론과 실질적 대안 도출을 위한 장치다. 사회자는 환경(E), 사회(S), 거버넌스(G), 법·제도(L), 재무(F), 기술(T) 관점이 종합적으로 논의되도록 토론을 이끌어 간다.

K-water 숙의토론은 경영환경 변화와 사회 이슈에 선제적으로 대응하면서 효율적인 경영회의체로 자리매김한다. 이후 토론 내용에 경영진의 전문성과 통찰이 더해져 점차 경영 성과를 만드는 데 큰 역할을 했다. 2022년 1월 중대재해처벌법 시행에 따라 전사 안전혁신방안을 논의하여 안전경영체계를 정립하고 조직 내 안전문화 확산에 이바지했다. 낙동강 유역의 안전한 식수원 확보를 위한 '낙동강 통합 물관리 사업'이 정부 방침으로 확정된 이후에는 조속한 사업 추진 방법과 K-water 역할 확대 방안을 숙의토론의 주제로 삼았다. 그리고 토론 결과를 이행한 결과 6개월 만에 예비 타당성 조사를 통과하는 성과를 거두기도 했다. 또한 국가적 차원에서 소재·부품·장비 국산화와 K-반도체 육성 정책이 추진되던 시기에는 숙의토론을 통해 초순수 생산기술 국산화를 위한 종합전략을 마련하고 반도체 산업단지에서 공업용수를 원활히 확보할 방안을 만들어 냈다.

K-water의 경영진 숙의토론은 토론 주제를 논의해 경영방침을 실현하고 의사결정을 지원하는 일에 그치지 않았다. 경영진 숙의는 상호 토론 시간 뿐만 아니라 사전에 이뤄지는 개인 차원의 자발적인 학습과 성찰

과정에서도 발생한다. 이를 통해 경영의 주요한 쟁점을 자신의 언어로 재해석하고 다양한 대안을 사려 깊게 모색하면서 경영자로서 역량을 개발하는 한편, 설득력 있는 논거로 보다 성숙한 자세로 토론에 임할 수 있다. 여기에 사내 청원게시판인 톡톡수렴, CEO 세대소통 프로그램 'Just D Rip' 등 다른 소통 플랫폼과 결합하면서 창의적이고 수평적인 사고와 민첩한 의사결정으로 문제 해결을 지원하는 애자일 조직문화 형성을 뒷받침했다.

※ 2021~2022년 숙의토론 주제

구분	주 제
2021년 2월	• 댐 유역단위 통합 물환경관리 • 수도 Smart Transition 가속화로 포용적 물복지 실현 • 지속가능한 미래형 K-City 조성 • K-water 탄소중립 및 국가적 확대를 위한 기반 마련 • 글로벌 물종합 플랫폼 기업으로서 新사업 추진체계 마련
3월	• 남강댐 치수능력 증대사업 • 통합 물관리 기반 도시 물순환 추진 • 초순수 시장 진출 확대 방안
4월	• 해외 투자사업 리스크 대응 및 향후 전략 • 분산형 물산업 클러스터 구축 방안 • 디지털워터플랫폼 구축 방안
5월	• 충북지역(용인 포함) 안정적 용수 공급 방안 • 유충, 적수 등에 대응한 시설 개선 및 운영 방안 • 지방상수도 포스트 현대화사업 전략
7월	• 공정·투명한 인사제도 개선 등을 통한 내부청렴도 향상 • 수상태양광 등 에너지 사업의 효율적인 추진 방안
9월	• 녹조 등 댐 유역 수질 관리 강화 방안 • 낙동강 통합 물관리 맑은 물 공급사업 추진 방안
12월	• 2020년 홍수피해 환경분쟁조정 후속대응 방안 • 제로에너지 빌딩 및 탄소저감형 사옥 추진방안

구분	주 제
2022년 2월	• 지속가능한 수변사업 추진 방안 • 全社 안전관리 혁신 방안
3월	• 新정부 출범에 따른 후속계획 • 수상태양광 사업 다각화 방안
4월	• 유역수도지원센터 운영 및 시스템 활용 방안 • 댐 종합 리노베이션 추진방안
5월	• 新정부 국정과제 이행을 위한 K-water 실행 계획 • 스마트 인프라 구축 등 미래형 용수공급방안
6월	• 지방상수도 현대화사업 1단계 완수 및 후속 사업 방안 • 녹조관리 플랫폼 등 유역 녹조 대응 방안
8월	• 시대적 역할과 트렌드를 반영한 K-water 브랜드 구축 방안 • 도시 물 문제 및 기후변화 대응, 물순환 관리체계 정립 방안
9월	• 공공기관 혁신 정책에 따른 K-water 혁신계획 제출(안) • K-water의 국가 탄소중립도시 추진 방안
11월	• '물-에너지-도시 넥서스'를 위한 미래발전 과제 • 사업별 현안 해결 및 장기 발전전략 논의

3

도약과 혁신으로 일군
시그니처 성과

도약과 혁신이 만들어낸 K-water 시그니처 성과

K-water의 새로운 비전 선포와 미래 도약 의지는 국민의 공기업으로 한 걸음 더 다가가겠다는 국민과의 약속이다. 7천 명의 K-water 임직원들은 낮밤을 가리지 않고 전국 곳곳을 누비며 물의 가치를 지키고 키우고 새롭게 만들기 위해 노력했다. 비전과 전략을 국민들에게 소개하고 의견을 경청하면서 세부 과제를 도출하고 실행하기 위한 고민과 실천을 멈추지 않았다. 이 장에서는 위기와 전환의 시대 희망의 근거를 현장에서 쌓으면서 도약과 혁신의 결과를 국민들에게 온전히 돌려드리겠다는 다짐과 결의로 만든 각 사업의 대표 성과를 소개하고자 한다.

K-water

물안심사업 K-water 물안심 사업은 물 순환 과정에서 발생하는 홍수와 가뭄, 수질오염 등 인간과 자연에 악영향을 미치는 부분을 관리하여 국민들에게 안전한 물환경을 제공한다. 기후변화가 낳는 물재해로부터 국민들의 생명과 재산을 지켜내고 댐과 보 등 하천시설물의 기능을 유지하는 한편, 풍부한 수량과 깨끗한 수질을 확보하여 최상의 물 서비스를 완성하고자 한다. 이를 통해 안전하고 건강한 유역 단위 통합 물관리 체계를 확립하는 것이 사업의 목표이다.

물안심-1

디지털 트윈 기술을 활용한
유역 물관리 혁신

권문혁

K-water의 물관리는 과학 기술의 진화, 시대 조류의 변화와 궤를 같이 하며 발전해 왔다. 1980년대 아날로그 중심의 물관리 상황실 구축 으로 물관리 시스템화의 첫발을 내디디고, 1995년 컴퓨터 분석을 기반 으로 한 과학적인 물관리라는 진보를 이뤄냈다. 1999년에는 빅 보드 (Big Board) 시스템을 도입하고 2005년에는 사무실 책상에서도 물관리 전반을 감시 · 제어할 수 있는 체계를 만들며 기술 혁신을 선도했다.

1980년대: 아날로그 방식 물관리   1995년: 컴퓨터분석 기반의 상황실   2005년: 제어 상황실 구축

K-water 물관리 기술 변천사

K-water는 국가 물관리 전문기관으로서 시대의 첨단 기술을 활용해 물관리를 보다 선진화하고 이를 통해 국민의 생명과 재산을 보호하는데 각고의 노력을 기울였다.

한편, 수자원 시설물의 관리한계를 상회해 발생한 2015년의 극심한 가뭄과 2020년의 기록적 폭우는 우리나라도 기후위기에서 자유로울 수 없음을 알리는 시그널이었다. 물관리의 불확실성이 나날이 커진 지금, 물관리 사업에는 지속적인 기술 혁신이 필요했다. 4차 산업혁명 기술은 이미 산업 전반에 걸쳐 디지털 전환을 이끌고, 코로나19 팬데믹으로 확산한 비대면 일상은 디지털 중심 사회질서 재편을 가속화했다. K-water는 이처럼 급변하는 물관리 환경에 빠르게 대응하고 통합 물관리 정책 목표를 달성하기 위해 4차 산업혁명 기술 활용에 주목했다. 디지털 트윈(Digital Twin) 물관리 플랫폼 구축이 그 대표사례다.

디지털 트윈 물관리 플랫폼 구축

디지털 트윈은 현실세계를 가상세계에 그대로 복제해 구현한 것을 말한다. 현실에서 일어날 수 있는 재난 등의 상황을 가상세계에서 시뮬레이션한 뒤 문제점을 파악하고 이를 해결할 방안을 도출한다. 디지털 트윈 기술은 이미 제조업 분야에서 폭넓게 활용되고 있는데,

디지털 트윈 물관리 플랫폼 구축 체계

최근에는 도시계획, 국방, 항공 등 적용되는 영역도 넓어지는 추세다. 정부도 디지털 트윈 기술 활성화에 국가적 역량을 집중하는 상황이다.

물관리에 디지털 트윈 기술을 적용하면 현실을 복제한 가상세계에서 각종 수리·수문 데이터를 실시간으로 모니터링하고 수집된 데이터를 분석·활용한 시뮬레이션 예측을 통해 최적의 의사결정 결과를 도출할 수 있게 된다. K-water는 섬진강 유역에 디지털 트윈 물관리 플랫폼을 시범 도입해 물분야 디지털화를 주도하고, 이 기술을 5대강 유역 전체로 확대하는 등 차세대 물관리 기술로 디지털 트윈의 활용 범위를 넓혀가고 있다.

디지털 트윈 물관리는 댐 시설 중심의 기존 물관리 방식을 벗어나 댐-

유역-하천을 연계해 하나의 시스템(One-System)으로 관리하는 통합 물관리 실현에 기여한다. 기존에는 표와 그래프를 중심으로 홍수를 분석했으나 디지털 트윈의 핵심기술인 시뮬레이션 기능을 활용하면 정밀하게 제작된 3차원 지도 위에 시각 자료를 더해 사용자가 입체적이고 체계적으로 유역의 상황을 판단할 수 있게 된다. K-water의 디지털 트윈 물관리 플랫폼은 홍수뿐만 아니라 다양한 수재해에 대비할 수 있도록 가뭄, 물순환, 수질 정보 등을 플랫폼에 탑재해 그 기능을 확대했다.

이와 더불어 물관리 전반에서 실시간 데이터 모니터링, 화상회의 기능 등을 통해 사용자가 빠르고 정확하게 수재해 예방을 위한 최적의 의사결정을 내릴 수 있도록 지원한다. K-water는 지난 50여 년간 축적한 물관리 노하우를 최신 디지털 기술과 접목해 기후변화로부터 안전한 통합 물관리 실현을 위해 노력할 것이다. 또한 디지털 트윈 기반의 유역 물관리 디지털화를 완성해 물재해로부터 국민의 안전을 확보하고 디지털 생태계 육성으로 관련 산업도 활성화할 계획이다.

물안심-2

스마트 댐 안전관리

윤진섭

댐이 무너지면 하류 지역의 피해는 상상을 초월한다. 2018년 7월 라오스 세피안-세남노이댐(Xe pian - Xe namnoy Dam) 붕괴 사고가 발생했을 때 하류마을은 수몰되고 인명피해가 발생했다. 2017년 미국에서 가장 높은 댐인 캘리포니아주 오로빌댐(Oroville Dam)은 배수로가 파손되면서 범람 위험으로 18만 명이 넘는 많은 사람이 긴급대피한 바 있다. 이렇듯 댐 시설 안전이 중요하지만 관리 여건은 점점 어려워지고 있다. K-water가 운영 중인 20개의

라오스 세피안-세남노이댐 붕괴 하류침수

미국 오로빌댐 여수로 파손 붕괴

다목적댐과 14개의 용수댐, 그리고 3개의 홍수조절댐 가운데 약 절반 가량이 건설된 지 30년 이상 경과한 탓에 노후도가 심각하기 때문이다. 전체 저수용량도 농업용 댐이나 발전용 댐보다 훨씬 커 평상시 댐의 기능을 원활하게 유지하는 체계적 시설관리가 필요하다.

K-water는 댐 안전관리의 중요성을 고려해 4차 산업혁명 기술을 활용한 스마트 댐 안전관리 시스템을 도입하고 드론, 로봇, IoT, 빅데이터, 인공지능, 디지털 트윈 등의 기술을 댐 시설 안전 업무에 적용했다. 이 시스템은 크게 실시간 스마트 모니터링, 드론을 활용한 댐 안전 점검, 디지털 트윈 기반의 댐 안전관리 통합플랫폼으로 구분한다.

드론·로봇·빅데이터, 디지털 트윈 '스마트 댐 안전관리'의 미래

먼저, 실시간 스마트 모니터링 시스템은 디지털 계측기기를 활용하여 댐체의 외부변화 여부를 실시간으로 점검하는 시스템이다. 기존에는 광파기(Total-Station)를 활용해 일 단위 또는 수동 계측으로 댐체 데이터를 관리·분석했으나 이 방식은 비나 안개와 같은 기상 여건의 영향을 받으며 잡초 때문에 결측(缺測)이 자주 발생하기도 했다. 반면에 실시간 스마트 모니터링 시스템은 인공위성을 활용한

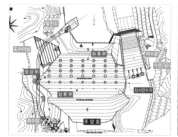

실시간 모니터링 시스템

실시간 GPS 계측으로 0.1mm 단위의 변위를 초 단위로 모니터링할 수 있고, 조기 경보를 통해 시설물의 이상 유무를 즉시 담당자에게 전달할 수 있다. 또한 침투량계, 간극수압계, 자동 전기비저항설비, 열화상 카메라와 같은 최신장비를 설치해 댐체 내부의 누수와 균열 등 이상 여부를 상시 점검한다.

드론을 활용한 댐 안전관리는 깊은 물 속 등 사람이 접근할 수 없는 구조물을 더욱 정확히 점검하는데 활용된다. 댐은 거대한 콘크리트와 강재 수문으로 구성된 대형구조물이라 사람의 접근이 어려워 점검 시 많은 노력과 비용이 소요된다. 하지만 고해상도의 항공 드론은 0.1mm 까지 정밀하게 시설을 촬영할 수 있으며 1회 최대 30분의 비행으로 댐 시설 전체 점검도 가능하다. 최근 개발된 하이브리드 드론은 비행 시간이 2시간으로 늘어났는데 이를 활용하면 댐체뿐만 아니라 저수지 전체를 정밀하게 점검할 수 있다. 한편 댐 취수탑처럼 깊은 물속에 있는 시설물은 기존엔 점검 사각지대였으나 최근엔 수중 드론(ROV)이 개발돼 상시 점검이 가능하다. 조만간엔 수중 터널 점검용 드론도 도입 될 예정이다.

항공 드론 점검

댐 안전 디지털 트윈 플랫폼 구성도

디지털 트윈 기반의 댐 안전관리 플랫폼은 디지털 공간에 가상의 댐을 구현하고 여기에서 실시간 모니터링 연계, 시설물 보수·보강 이력 관리, 계측 데이터 및 드론 영상 인공지능 분석, 시뮬레이션 기능 등을 탑재해 실제 시설물의 이상 유무를 한눈에 파악할 수 있게 하는 시스템이다. 이를 통해 댐체 미세변화를 조기에 감지·예측하고 균열 등의 손상을 자동으로 추출하며 댐 안전관리를 위한 최적 의사결정에 활용한다. K-water는 현재 37개 댐의 디지털 트윈을 하나의 안전관리 플랫폼으로 통합해 댐 관리자뿐만 아닌 일반 국민도 활용할 수 있는 포털서비스를 제공하고 있다.

4차 산업혁명 기술은 자고 일어나면 바뀔 정도로 변화의 속도가 빠르다. 인류의 역사를 돌이켜 봤을 때 인간은 필요에 따라 끊임없이 새로운 기술을 개발하고, 삶과 일상을 바꾸어 왔다. 댐 시설물 관리에 필요한 첨단장비와 디지털 기술도 진화를 거듭해 사람이 직접 위험한 작업을 수행하지 않아도, 디지털 트윈 플랫폼에 접속하는 것만으로 스마트한 댐 안전관리 업무 수행이 가능한 날이 곧 우리 앞에 다가올 것이다.

물안심-3

댐-하천 통합관리

유제호

기후변화가 전 세계를 강타하고 있다. 10년마다 지구 평균 기온은 0.2˚C씩 높아졌다. 2030년에서 2052년 사이에는 1.5˚C 상승할 거란 예측도 나온다. 우리나라도 예외가 아니다. 2090년 우리나라의 연평균기온은 현재 대비 2.1˚C, 연강우량은 17% 증가할 것으로 전망하는 학자도 있다.

2022년 파키스탄 홍수

2020년 섬진강댐 하류 홍수

2020년, 이상기후로 세계 각국에 집중호우가 쏟아졌을 때 우리나라도 마찬가지로 큰 물난리를 겪었다. 그해 여름 우리나라는 54일이라는 사상 최장

기간 장마와 687mm라는 어마어마한
강수를 기록했다. 이로 인해 섬진강댐
하류 지역 등에서 약 3,700억 원 규모의
홍수피해를 입었다. 2022년에는 수도권
지역에 500mm 이상의 폭우가 쏟아지
면서 20명이 사망·실종하고 약 3,200
억 원에 달하는 재산피해가 발생했다.
특히 9월 초에는 태풍 '힌남노'의 영향

2022년 포항 포스코 침수

으로 포항·경주지역에서 16명의 사망·실종자가 발생하고 국내 최대
규모 철강 공장이 침수돼 가동이 중단되는 사태도 일어났다. 기후변화
로 인한 피해를 방지하고 국민의 생명과 재산을 지킬 수 있는 특단의
대책이 시급한 상황이다.

1990년대 초부터 국토부(수량)와 환경부(수질)가 분담하던 우리나라
물관리 체계는 2018년 6월 환경부로 일원화됐다. 2022년 1월에는
국토부에 일부 남아 있던 하천관리 업무가 환경부로 마저 이관되면서
통합 물관리를 위한 기능과 조직이 완성됐다. 하지만 아직 숙제가 남았다.
앞서 말한 2020년 홍수와 같은 물재해를 예방하려면 우선 하천관리의
문제점을 개선하고 체계적인 대안을 모색해야 한다.

우리나라 하천의 길이는 총 6만 4,264km. 이중 국가하천 3,602km는
국가와 지자체가, 지방하천과 소하천 총 6만 662km는 지자체가 관리
한다. K-water가 관리 중인 전국 37개 댐의 방류 영향을 직접적으로 받는
댐 직하류 하천 약 1,216km(K-water 자체 검토, 2021)도 규모와 행정

구역에 따라 국가와 지자체가 관리책임을 분담하고 있다. 댐 직하류는 댐 바로 아래 위치한 지역으로 댐 방류량이 하천 계획홍수량의 대부분을 차지하고, 방류 도달시간도 짧아 댐의 영향이 절대적이다. 하지만 지금처럼 댐 관리기관(K-water)과 하천 관리기관(국가 또는 지자체)이 서로 다르고 홍수계획 규모도 불일치한 상황이 이어진다면 댐과 하천의 운영을 유기적으로 연계해 홍수에 제대로 대응하기는 어렵다.

지속가능하고 바람직한 댐-하천 통합관리 체계 마련 필요

가속화되는 기후위기에 대비하고 국민이 체감할 수 있는 진정한 의미의 물관리 일원화를 실현하기 위해서는 분산된 댐과 직하류 하천의 관리를 통합하고, 홍수 빈도(수리구조물의 규모를 결정하기 위해 확률·통계적으로 산출한 홍수량의 발생빈도를 의미, 통상 10년 빈도, 30년 빈도

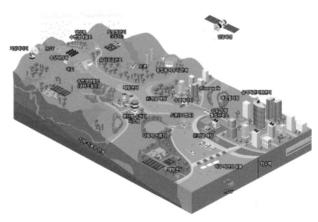

댐-하천 통합관리 체계

등 연 단위로 표시하며 기간이 길수록 홍수량이 크다) 기준을 정비하며 4차 산업혁명 기술을 하천관리에 도입해 댐과 하천의 관리 수준을 질적으로 높여야 한다.

이를 위해 K-water는 먼저 홍수 설계빈도를 정비해 하천유역수자원관리계획, 하천기본계획 등 정부의 물관리 계획에 반영하고자 한다. 일반적으로 댐과 하천은 재해를 예방할 수 있는 홍수량이 계획돼 있다. 그러나 댐의 방류량은 200년 빈도 홍수량을, 하천은 50년~200년 빈도의 홍수량을 감당할 수 있도록 서로 다른 기준으로 설계돼 있다. 그래서 홍수로 댐 수문을 열어 방류하면 댐에 비해 낮은 빈도로 계획된 하천에서 피해가 발생할 수 있다. 모든 하천의 설계빈도를 일률적으로 높이려면 많은 시간과 비용이 소요된다. 그러므로 댐 방류 영향을 직접적으로 받는 댐 직하류 하천의 제방 등 하천 시설물의 설계빈도부터 우선 댐과 같은 수준으로 높일 필요가 있다.

또한 K-water는 앞서 소개한 디지털 트윈 기반 유역 물관리와 스마트 댐 안전관리를 하천관리 분야로 확대하여 더욱 전문적이고 질 높은 서비스를 제공할 계획이다. 댐-하천 디지털 트윈 통합플랫폼을 구축하고, 드론 기반의 안전 점검과 스마트 센싱 기술을 활용한 실시간 모니터링 등 스마트한 하천관리를 통해 물재해로부터 국민의 생명과 재산을 보호한다는 목표다.

한편 국가가 K-water에 위탁관리 중인 댐에 비해 직하류 하천을 관리하는 지자체는 인력과 예산, 그리고 전문성이 부족한 것이 사실이다.

따라서 중요도가 높은 댐 직하류 하천은 댐과 함께 국가가 직접 통합·관리하고, 물관리 전문성과 기술력을 갖춘 전문기관이 참여하는 보다 효율적인 관리체계를 구축해야 한다. K-water가 댐 직하류 구간의 국가하천 승격과 지방하천 국가 지원, 하천사업 참여 등 물관리 대표 공기업으로서 보다 적극적인 역할에 나서고자 하는 이유다. 이를 위해 지자체 지방하천 관리에 기술을 지원하고 지역주민들과 소통하고 공감할 수 있는 물관리 거버넌스 구축을 위한 법·제도 정비에도 노력을 기울이고 있다.

앞으로 K-water는 댐-하천 통합관리를 성공적으로 추진하여 기후위기로부터 국민의 생명과 재산을 지켜내고 물관리 일원화의 최고 성과로 만들어 낼 것이다.

K-water

물안심-4

댐 상류 물환경관리를 통한
상수원 수질개선

이영기

K-water는「댐건설·관리 및 주변지역 지원 등에 관한 법률」에 의한 댐 수탁관리자이자「물환경보전법」에 의한 저수지 수면관리자로서 20개의 다목적댐과 14개의 용수댐의 저수구역 수질보전 업무를 수행하고 있다. 저수구역 수질보전 주요 업무는 수질 및 수생태 환경조사, 조류 대응, 부유물 및 탁수관리, 오염원 관리 등이 있으며, 저수지 수질사고에 대해서도 지원기관으로 신속히 대처하여 상수원 오염을 방지하는 역할을 수행한다. 또한 하천관리청으로부터 위탁받은 4대강의 16개 다기능 보의 수면 관리도 담당하고 있다. 댐, 하천 수질에 대한 국민적 관심이 점차 높아지고 물순환 전반에 걸쳐 수질관리 범위가 확대되어 그 중요성이 더욱 커지고 있는 점을 감안할 때, 우리나라의 주요 상수원을 관리하는 K-water의 역할은 막중하다.

하지만 점차 심각해지는 기후변화로 인해 홍수(탁수, 비점오염물질),

이상고온(녹조, 조류독소), 가뭄(망간, 복합이상수질) 등 미래 물환경 관리 여건 또한 갈수록 복잡하고 예측하기 어려워지고 있다. 퍼붓듯이 쏟아지는 폭우는 도시 지역의 하천 범람과 침수를 유발하지만 댐 상류에서는 많은 오염물질을 댐으로 옮겨놓기도 한다. 예전에는 대부분 산림이었던 댐 상류 유역도 지금은 고랭지 농업, 자동화된 축산시설 등으로 활용이 확대되고 있다. 이로 인해 발생하는 비료, 축분 등 다양한 비점오염물질은 비와 함께 우리의 상수원으로 흘러들어 여름철 심한 녹조를 유발하는 주요인이 되기도 한다. 가뭄에 따른 상수원 수질 악화는 수돗물 냄새 발생이나 고농도 망간 유입으로 인한 색도 유발, 규조류에 의한 여과 지속시간 감소 등 정수장 수질관리에도 매우 큰 영향을 준다. 따라서 국민 물복지 향상과 상수원 수질개선을 위한 근본적인 대책은 수질오염의 주(主)원인인 강우유출 오염물질을 사전에 저감 혹은 차단하는 것이다.

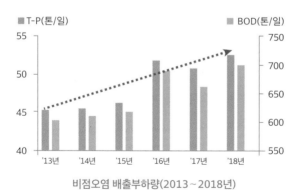

비점오염 배출부하량(2013~2018년)

※ 제3차(2021~2025) 강우유출 비점오염원관리 종합대책(관계부처 합동, 2020)

맑고 깨끗한 상수원수 확보를 위한 근본대책, 댐 상류 오염원 저감

상수원 수질개선을 담당하는 유역 오염원 관리 주체는 해당 지역의 지방 자치단체다. 그러나 그동안 예산 부족과 수질개선 체감 효과 미흡 등을 이유로 오염원 저감을 위한 물환경 개선 사업에는 소극적인 모습을 보여 왔다. K-water는 댐 수탁관리자로서 댐 저수구역에 한해 수질보전 업무 는 수행할 수 있지만 댐 상류지역의 수질 개선에 대해서는 역할과 권한 이 없는 제도적 한계가 있었다. 그러나 댐 상류지역의 수질 악화는 댐 저수의 수질에도 직접적인 영향을 미친다는 점에서 K-water의 댐 관리 사업 범위를 댐 상류지역 물환경 관리까지 확대하는 건 꼭 필요한 일이 었다.

이러한 요구에 따라 2020년, 댐건설관리법 및 한국수자원공사법이 개정 되며 K-water가 댐 상류 유역의 물환경 개선 사업을 수행할 수 있는 법적 근거가 마련된다. 댐 계획홍수위(계획홍수량에 해당하는 물의 높이)선이 속하는 소권역 중 댐 상류에 해당하는 지역에서 하수도 설치 및 운영 관리, 비점오염 저감사업, 수질오염방지시설의 설치 및 운영 등의 수질 관리 업무를 할 수 있게 된 것이다.

물관리 일원화와 기능조정 이후 K-water는 사전예방 차원의 유역오염원 저감을 위해 부유물 주민 자율 관리, 수질-수량 통합관측소 설치, 상수원 상류 거점형 오염저감, 수계 통합형 수변생태벨트 조성 및 댐 유역 생 태계 복원 등 약 20여 개의 신규 정책사업들을 발굴해 추진하고 있다. 물환경 사업 본격 확대를 위해 국가 수질목표(좋음, I등급) 미달성 23개

댐을 대상으로 수질개선 종합대책을 수립하여 상류 오염원의 종류와 발생 특성을 파악한 후 지역 맞춤형 오염저감방안을 마련할 계획이다. 대청·주암댐을 대상으로 추진 중인 물환경 관리 선도사업(2021년~2024년)에서는 다기능 저류조와 고속 여과 시설을 결합해 완충식생대 등을 설치할 예정인데, 이는 수질개선과 함께 탄소 흡수와 친수 공간 중심의 신개념 물환경 시설로 자리매김할 것으로 보인다. K-water는 선도사업 성과를 바탕으로 물환경 관리사업을 단계적으로 확대 추진하고자 한다. K-water가 관리하는 모든 댐의 수질이 좋음(Ⅰ)등급을 달성하고 국민들이 안심할 수 있는 더욱 맑고 깨끗한 물을 공급할 수 있게 되길 기대한다.

인공습지

수변생태벨트

댐 유역 생태복원

에코필터링

농업BMP 보급

비점오염저감시설

K-water

댐 종합 리노베이션

이명주

지난 1967년부터 2018년까지 지난 52년간 우리나라의 연평균 강수량은 1,252mm. 세계 평균 813mm보다 약 1.5배 많은 수치다(제1차 국가물관리기본계획). 하지만 계절별, 지역별, 연도별 강수량 편차가 크고, 산악지형이 많아 바다로 유출되는 유량이 59%로 높다. 그마저도 홍수기(6월 21일~9월 20일)에 편중돼 물관리가 매우 어려운 여건이다. 우리나라가 국토 곳곳에 다목적댐 20개, 농업용저수지 1만 7,145개, 발전전용댐 21개, 생공용수전용댐 127개를 건설해 관리하는 이유이기도 하다.

댐이 제공하는 홍수 예방과 용수 공급과 같은 유·무형의 이익은 모두 국민에게 돌아간다. 하지만 댐 주변지역 주민들은 정작 댐을 지역발전의 걸림돌로 여기고 있다. 상수원 보호구역, 개발제한구역 등의 각종 환경규제, 공장입지 제한, 지방세수 감소로 인한 지역경제 쇠퇴의 원흉으로 지목되는 것이다.

우리가 흔히 알고 있는 소양강, 안동, 충주, 대청, 합천, 주암 등 주요 다목적댐은 1970~1980년대에 건설됐다. 댐의 고유 역할인 이수(利水)와 치수(治水)를 담당하며 수십 년간 홍수, 태풍 등 자연재해를 겪었고, 시설이 노후화되는 와중에도 묵묵히 국민 곁을 지켜 왔다.

이에 K-water는 댐의 노후화와 자연재해에 대비하기 위해 전국 13개 다목적댐을 대상으로 '다목적댐 안전성 강화사업'을 추진 중이다. 이 사업의 목적은 지진 등 비상시 댐의 저수를 신속하게 배제하기 위한 비상방류시설 확충과 취수탑 등 부속시설 내진성능 보강, 댐체 및 여수로 전면 보강, 누수량 측정실 신설 등을 통해 댐의 시설 안전을 확보하고, 기능을 유지하는 것이다.

한편 오늘날 댐은 이·치수 중심의 전통적 물관리 기능뿐만 아니라 주민 일자리 창출과 지역경제 활성화, 탄소중립 실현 등 정부 정책에 부응하고 지역주민과 상생하기 위한 새로운 패러다임 변화를 요구받고 있다. K-water는 시대의 다양한 요구를 반영하고 댐의 사회적 가치를 높이기 위해 '댐 효용증진사업'을 추진하고자 한다. 댐을 '생태, 문화, 안전, 에너지'가 어우러진 복합적인 혁신 공간으로 탈바꿈시키는 것이다. 이를 위한 국민 친화·지역 상생의 5대 핵심 전략은 다음과 같다.

국민과 담(Dam)을 허무는 댐 종합 리노베이션

첫 번째 전략은 '탄소중립 실현'이다. 이를 위해 홍수터, 수변 매수토지 등을 활용한 댐-하천 통합 수변생태벨트와 에너지자립(RE100)형 생태마을을 조성해 댐 주변 탄소흡수원을 구축한다. 두 번째 전략은 주민참여형 수상태양광사업과 수열에너지 집적단지 등으로 '신재생에너지를 확대'하는 것이다. 세 번째는 '통합물환경 개선'이다. 스마트 기술을 활용해 댐 수량·수질 통합 감시, 댐 상류 물환경 개선, 부유 쓰레기 자동 수거 등의 사업을 중점적으로 추진한다. 네 번째 전략은 AI, 드론 실시간

모니터링과 디지털 트윈 기반 물관리를 실현하는 '스마트 댐-하천관리' 이며, 마지막 다섯 번째 전략은 지역 맞춤형 '댐 명소화'를 추진하는 것이다. 댐 명소화를 통해 일자리를 창출하고 지역경제 활성화에 기여함과 동시에 댐 주변 주민의견 수렴 및 참여 확대로 상생 협력에 기반한 미래지향적이고 지속 가능한 유역 물관리를 실현할 것이다.

K-water는 5대 핵심 전략 아래 기존 사업과 예정 사업을 분석하여 댐의 가치와 효용을 높이는 관점에서 댐별 특성에 맞는 종합적인 사업계획을 수립하였다. 앞으로 선도사업을 통해 사업 전략을 보다 정교하게 가다듬는 한편, 중점 추진과제를 도출하고 우선순위를 확정할 계획이다. 이를 통해 '국민과 댐(Dam)을 허물고 포용할 수 있는 지역 상생의 공간으로 다시 세우다'라는 사업의 비전을 달성하고 지역맞춤형 댐관리 패러다임 전환을 이뤄낼 것이다.

지역맞춤형 댐관리는 계획수립 단계부터 댐이 소재한 지역의 특성, 문화, 환경을 고려하고 지역 주민의 요구를 적극 반영하는 등 자발적인 참여를 이끌어낼 수 있다는 장점이 있다. 지역축제와 연계한 사업을 확대해 지역경제 활성화에도 힘을 보탤 수 있고, 바이오매스 활용 확대. 신재생에너지 생산 등으로 지역의 에너지 자립도를 높이고 탄소흡수원 조성과 같은 친환경사업으로 정부의 탄소중립 정책에도 이바지할 수 있다.

비전 "국민과 댐(Dam)을 허물고 함께 포용할 수 있는 에너지·환경·문화의 지역상생의 공간으로 다시 세우다."

K-water는 기존의 댐 안전과 기능 유지를 위한 '다목적댐 안전성 강화 사업'에 다양한 사회적 가치 창출을 위한 '댐 효용증진사업'을 더해 '댐 종합 리노베이션'을 완성하고자 한다. 과거의 댐이 이·치수 기능을 지닌 토목구조물에 불과하여 지역주민들의 '불편한 존재'였다면, 리노베이션 된 댐은 지역주민의 삶을 더욱 윤택하게 만들고 지역사회로부터 사랑 받는 공간으로 재탄생하게 된다. 그렇게 댐의 기능과 가치를 하나씩 다시 만들어가는 과정에서 K-water는 기후위기로부터 국민을 지키고, 지역과의 상생으로 국민의 신뢰를 얻는 든든한 동반자로 거듭날 것이다.

K-water

낙동강 하굿둑 개방

김경훈

낙동강 하굿둑은 500km가 넘는 낙동강 끝자락에 강과 바다를 가로질러 건설된 둑 시설물이다. 제5차 경제개발 5개년 계획의 하나로 1987년 건설됐다. 낙동강 하굿둑은 바다의 염수가 강으로 유입 되는 걸 방지하고 하굿둑 상류 낙동강 의 수위를 일정하게 유지(EL.0.51m~

낙동강 하굿둑 전경

EL.1.01m)하여 부산 · 울산 · 경남지역에 연간 7.5억 톤의 생활 · 공업 · 농업용수를 안정적으로 공급하고 있다. 또한 하굿둑 교량은 부산과 서부경남 간 교통을 개선하는 등 시대와 지역이 바라는 역할과 임무를 충실히 수행해 왔다.

하지만 하굿둑 건설로 잃은 것도 많았다. 하구에는 강물과 바닷물이 섞이는 기수역이 조성되기 때문에 영양물질이 풍부하고 서식처가 다양해 생물 다양성과 생산성의 가치가 높다. 우리나라에는 총 463개 하구가 있으며, 담수와 해수가 만나 하구 순환이 유지되는 열린 하구가 235개(50.8%), 하굿둑 건설 등 인위적으로 막힌 닫힌 하구가 228개(49.2%)다.(2019년 국립환경과학원) 낙동강하구는 닫힌 하구다. 이로 인해 출현하는 어종이 단순해지고, 철새 개체수도 줄어들어 과거 동양 최대 갈대숲과 철새 도래지라는 명성을 잃고 낙동강 명물 재첩도 이제는 찾아보기 어려워졌다.

낙동강 하굿둑 건설 30년이 경과한 지금, 시대의 요구는 크게 달라졌다. 기후변화와 생태계 위기가 중요한 문제로 인식되며 '인간 중심 개발'에서 '사람과 자연의 지속 가능한 공존'으로 패러다임 전환이 필요해진 것이다. 이런 시류에 따라 2017년, 정부는 시민사회와 함께 낙동강 하굿둑 개방을 위한 본격적 행동에 나선다. 2018년 K-water를 중심으로 관계기관 합동 연구가 시작되고 2019년부터 2020년까지는 하굿둑 상류 15km 내로 해수를 유입해 기수역을 조성하는 개방실험을 3차례 실시했다. 초기 성과를 토대로 2021년에는 약 1개월씩 4차례의 시범 개방을 통해 기술을 확보하고 개방영향을 면밀히 모니터링 하는 등 실개방에 대비한 운영 노하우를 쌓아갔다. 해수 유입에 따른 염분 영향에 대해 우려의 목소리도 높았지만, 정부,

지역 농민설명회

주민, 전문가로 거버넌스를 구성·운영하면서 지역사회와 개방 관련 정보를 투명하게 공개하고 수질, 수생태, 지하수 등 분야별 체계적인 모니터링으로 조금씩 우려를 해소해 나갔다. 그렇게 5년간의 준비와 노력 끝에 연구부터 실험, 시범운영까지 성과를 도출하고 이를 바탕으로 K-water는 정부와 함께 2021년 12월 「낙동강 하구 기수생태계 복원방안」을 마련했다. 이후 2022년 2월 9일 낙동강유역물관리위원회의 심의·의결과 대국민 비전보고회(2022년 2월 18일)를 거쳐 낙동강 하굿둑 건설 35년 만에 하굿둑을 개방했다.

인간과 자연의 공존, 과거의 하구를 되살리기 위한 움직임

개방에 따라 연중 대조기마다 하굿둑 수문을 통해 해수를 유입함으로써 기수역을 조성하되, 조성범위는 하굿둑 상류 15km 이내로 제한했다. 농업용수 취수시설이 많은 서낙동강으로 염분이 유입되는 것을 방지하고 상류 생·공용수 취수원 등을 고려한 조치다. 그리고 하굿둑의 원래 용도인 용수 공급 기능에 차질이 없도록 기존의 하굿둑 관리수위 유지를 원칙으로 삼았다. 2022년 2월부터 9월 말까지 총 8차례 대조기 37회에 걸쳐 해수를

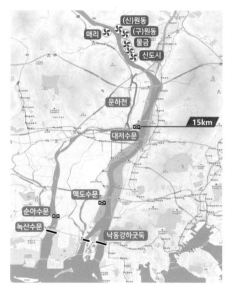

낙동강하구지역 수리시설

유입해 최대 12km의 기수역을 조성했으며 해수유입 기간 외에도 수문을 열어 하천과 바다가 늘 순환할 수 있도록 했다.

35년이나 닫혀있던 하굿둑 수문을 개방해 기수생태계를 성공적으로 복원할 수 있었던 배경에는 실시간으로 하천 유량과 바다 조위를 모니터링하고 분석·예측하여 하굿둑 최적 운영에 활용한 K-water의 물관리 기술과 노하우가 있었다.

해수유입_수문하부 유입   해수유입_수문상부 유입

낙동강 하굿둑 개방이 국내 최초 하굿둑 개방사례인 만큼, K-water는 개방 관련 자체 기술 역량을 보전하고 지속적으로 고도화할 계획이다. 이를 위해 하천 염분, 유량, 지하수 등 관측시설을 확대하여 모니터링을 보다 체계화하고 수집된 기초데이터를 활용하는 운영시스템을 구축하여 관련 정보를 국민에게 공개하고 있다. 또한 기수어종(은어, 연어, 동남참게, 재첩 등)의 방류, 새섬매자기(고니의 먹이) 식재 등 기수생태계 복원 후속 사업을 차질 없이 추진하고, 지역 생태자원을 활용한 관광 활성화에도 힘쓸 예정이다.

전 지구적 생태위기 탓에 하구 복원에 대한 세계 각국의 관심이 높다. 미국, 영국, 네덜란드 등 여러 국가에서 하굿둑 개방을 통해 기수생태계를 복원하고, 자연과 인간이 공존하는 미래가치를 만들어가고 있다. K-water는 국내 최초로 시도한 낙동강 하굿둑 개방이 성공적인 하구 관리모델로 자리매김하고 국내를 넘어 국외까지 확산해 미래 세대를 위한 새로운 물관리 패러다임으로 정착될 수 있도록 최선의 노력을 다할 것이다.

K-water

물안심-7

홍수대응체계 혁신

김경훈

물을 다스려 나라를 경영하는 일-치수(治水)는 고대부터 현대까지 동서양을 막론하고 국가의 가장 중요한 역할 중 하나였다. 이집트 문명은 주기적으로 발생하는 나일강 범람에 대응할 수 있는 수리 기술을 발전시켰는데 이는 기하학, 천문학, 측량술의 발달과 농업 생산성 향상으로 이어져 인류문명 태동의 밑거름이 됐다. 고대 중국의 우(禹)임금은 탁월한 치수 능력을 발휘해 성군(聖君)으로 추앙받았다. 독일 출신 사회학자 칼 비트포겔(Karl. A. Wittfogel)은 중국사에서 대규모 관개·치수 사업이 절대군주 중심의 전제정치 확립으로 이어졌다는 이른바 '동양적 전제주의'를 주창하기도 하였다.

인류는 오늘날에도 여전히 물과 사투 중이다. 인간의 편의를 위한 화석에너지 사용과 이로 인한 온실가스 증가가 전 세계적 기후변화를 초래하고 사상 유례없는 집중호우라는 부메랑으로 돌아오고 있다. 2022년 파키스탄에서는 3개월 동안 이어진 몬순 폭우로 3천만 명 이상의 이재민이 발생하고, 뉴질랜드 남섬에는 100년 만에 내린 기록적인 폭우에 비상사태가 선포되기도 했다. 우리나라에선 2002년 태풍 루사로 강릉지방에 연평균 강수량(1,402mm)의 62%인 870.5mm가 하루 만에 쏟아져 321명의 인명피해와 5조 원가량의 재산피해가 발생했다. 이후 댐의 홍수조절 능력을 강화하고자 여수로를 신설하는 댐 치수능력 증대사업을 시행했으나, 기후위기에 대응하는 물관리 여건은 여전히 녹록하지 않은 실정이다. 2020년에는 1973년 이래 역대 최장기간 장마, 역대 2위의 강수량을 기록하였는데, 특히 8월 7~8일 양일간 섬진강댐, 용담댐 유역에는 과거 최댓값을 초과하는 300mm 이상의 집중호우가, 섬진강댐 하류 남원은 500년 빈도를 초과하는 역대급 강우가 쏟아졌다.

2020년 8월 섬진강 하동지역 홍수

댐-하천 연계, 물관리 기술 고도화를 통한 홍수대응체계 혁신

우리나라는 연 강수량의 대부분이 홍수기(6월 21일~9월 20일)에 집중되는 계절적 편차를 고려해 홍수기가 도래하기 전 댐의 수위를 낮춰 홍수에 대응할 수 있도록 준비하고, 홍수기 후반에는 상대적으로 강수량이 적은

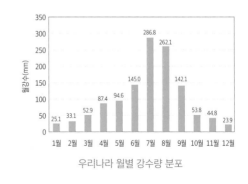

우리나라 월별 강수량 분포

10월부터 다음 해 6월까지 안정적으로 물을 공급할 수 있도록 댐에 물을 충분히 확보하는 방식으로 다목적댐을 운영하고 있다.

우리나라의 홍수 발생 원인은 크게 기상학적, 지형학적, 사회경제적 요인 3가지로 구분할 수 있다. 우선 기상학적으로는 여름철 북태평양 고기압의 영향에 따라 장마와 폭우를 동반하는 2~3개 정도의 태풍으로 집중호우가 발생하고, 연평균 강수량 1,252mm의 55.4%(693.9mm)가 여름철에 집중되는 특성이 있다. 지형학적으로는 국토의 63%가 산악 지형으로 유역면적이 작고 하천 길이가 짧아 단시간 내 홍수가 발생하는 특성이 있으며 사회경제적으로는 산업화와 도시화로 인한 불투수층 증가 등 토지이용 변화가 홍수 가능성을 높이고 있다. 최근에는 기후변화에 따른 집중호우 빈도가 높아지면서 홍수 대응에 더욱 어려움을 겪고 있다.

K-water는 지난 2020년 정부와 함께 기후위기 대응의 필요성을 체감하고 홍수피해 재발 방지를 위해 '풍수해 대응 혁신대책'을 수립하고 구조적-비구조적 대책을 시행하고 있다. 우선, 댐과 연계된 하천의 설계 기준을 강화하고 제방 신축 및 보강을 추진했다. 그리고 다목적댐의 홍수기 제한수위를 하향 조정한다. 홍수기 중 용수 공급에 지장 없는 범위 내에서 홍수조절 능력을 높이기 위함이다. 이어 기상청과 협업해 댐 유역 맞춤형 강우 예보 체계를 확립하고 정보통신기술(ICT)을 기반 삼아 홍수 상황을 실시간으로 모니터링하며 재난문자방송(CBS)을 활용한 신속한 재난전파시스템도 구축했다.

K-water는 유역 전반의 홍수 상황을 모니터링 · 분석 · 의사 결정할 수

있도록 디지털 물관리 체계를 구축하는 한편, 정례 '댐운영 소통회의'를 실시하여 지역주민 참여 및 협업을 강화하고 있다. 댐의 수문을 열어 방류할 경우 인근 주민의 피해를 예방할 수 있도록 수문방류 예고제도 도입했다. 앞으로도 K-water는 풍수해 혁신을 통해 물재해 대응 역량을 향상하고 과학적이고 고도화된 홍수 대응체계를 만들어갈 계획이다.

K-water 홍수대응 기술 (실시간 수문자료관리, 홍수분석 등)

K-water

물나눔 사업 K-water 물나눔 사업은 취수원부터 수도꼭지까지 모든 국민들에게 부족함 없이 깨끗한 수돗물을 공급한다. 정수장, 관로 등 광역상수도와 지방상수도의 물 공급시설을 과학적이고 체계적으로 관리하고 시설 최적 활용을 통해 맑은 수돗물을 안정적으로 제공하고자 한다. 이를 통해 모든 국민들이 차별 없이 수돗물의 혜택을 누리고 보편적 물복지를 실현하는 것이 사업의 목표이다.

물나눔-1

스마트상수도 구축

배현진

우리가 매일 먹고 사용하는 수돗물의 시작은 언제부터였을까? 우리나라의 상수도 역사는 1908년 뚝도 정수장 완공에서 출발한다. 이후 인천, 부산, 목포 등 대도시를 중심으로 상수도 시설이 확대됐고, 1945년에는 전국 83개 도시에 사는 200만 명이 수돗물을 이용할 수 있었다. 그러나 1950년 발발한 한국전쟁으로 수도시설 대부분이 파괴됐고, 폐허 속에서 복구는 더뎠다. 1960년대에 접어들면서 정부는 경제 개발을 지원하기 위한 상수도 보급의 중요성을 인식, 본격적으로 시설 투자를 추진하고 1961년 수도법을 제정해 지방자치단체를 수도사업자로 지정했다. 1970년대에는 경제개발로 물 수요가 폭증함에 따라 이를 충족하기 위해 K-water를 주체로 광역상수도 공급

뚝도(정) 펌프장 준공 기념사진

을 확대한다. 이후 1960년대 20%에 불과한 수준이었던 상수도 보급률은 2023년 오늘날 99% 이상으로 크게 상승해 대다수의 국민들이 수돗물의 혜택을 누리고 있다.

공급 확대 중심의 수도정책은 1991년 발생한 낙동강 페놀 유출 사건으로 일대 전환을 맞이하게 된다. 수질오염 사태는 당시 연일 신문 톱기사를 장식하며 심각한 사회문제로 대두되고, 국민들이 수돗물을 불신하게 만든 결정적 계기가 되었다. 정부는 기존 환경청을 환경부로 승격하는 한편, 건설부에서 관리하던 지방상수도 및 수질관리 업무를 환경부로 이관하는 등 대책을 추진하였으며 수돗물 신뢰를 회복하기 위해 고도 정수처리시설을 본격 도입하고 수질검사 체계를 보다 강화했다. 그 결과 먹는 물은 일반 세균 등 61개 항목(31개 감시항목 별도)에 대해 법정 수질검사를 실시하고 있고, K-water는 세계 최고 수준인 300개 항목을 검사해 수질 안정성을 높이고 있다.

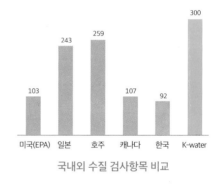

국내외 수질 검사항목 비교

산업화, 도시화 그리고 기후위기로 상수도 관리의 불확실성은 점증한다. 취수원에서는 녹조 증가와 함께 미세 플라스틱과 같은 새로운 오염 물질이 검출되었고, 취수한 물을 깨끗한 먹는 물로 만드는 정수장에서는 유충이 수시로 발생한다. 관로에서는 시설 노후화로 붉은 물 사태를 겪는 등 수돗물 생산·공급 전반에서 수돗물 안전의 위협요인이 늘어나고 있다.

상수도의 새로운 진화, '스마트 상수도' 체계 구축

2016년 당시만 해도 생소한 개념이던 인공지능(AI) 알파고가 프로 바둑기사 이세돌 9단과의 대국에서 승리했을 때 세계는 큰 충격에 빠졌다. 그로부터 6년이 흐른 지금, 이제 AI는 자율주행 자동차, 빅데이터 분석의 핵심기술이 되어 우리의 일상을 바꾸고 있다. 이뿐만이 아니다. GPS를 활용해 실시간으로 버스 위치를 확인하고 IoT(사물인터넷)로 보일러 전원을 원격 조종하는 등 첨단 디지털 기술은 어느새 삶의 질을 높이는 중요한 요소로 자리 잡았다.

구글 딥마인드사의 알파고

K-water는 기후위기 시대 발생한 다양한 물 문제를 해결하기 위해 AI · IoT 등 4차 산업혁명 기술을 상수도 운영 시스템과 융합했다. 취수원에서 수도꼭지까지 수돗물 공급 전체 과정을 실시간으로 감시하고 사고를 예방하여 국민이 안심하고 수돗물을 마실 수 있도록 하는 체계, 바로 '스마트 상수도(SWM, Smart Water Management)'가 바로 그것이다.

먼저, 취수원에는 실시간 수질측정장치와 원격감시시스템을 구축하여 오염물질을 상시 모니터링하고, 측정되는 수질 정보 등의 빅데이터를 분석하여 수질을 사전에 예측하는 등 과학적인 수질관리 체계를 갖추었다. 수돗물을 생산하는 정수장에는 식품을 만드는 공장 수준의 청결한 위생환경을 조성하고 빅데이터 · AI 기술을 활용하여 약품 투입과 같은 정수장 운영의 주요 공정을 자동화했다. 이를 통해 흔히 휴먼에러(Human error)라고 부르는 근무자의 실수로 인해 발생할 수 있는 문제를 원천 차단할 뿐만 아니라, 시간대별 물 사용량 패턴에 맞춘 펌프 운영 최적화로 효율적인 에너지 관리까지 가능해졌다.

한편 물을 공급하는 관로 시설은 수도 사고의 대부분을 차지하는데 지하에 매설된 복잡한 관망으로 인하여 즉각 대응에 어려움이 있기 때문이다. K-water는 이런 문제점을 해결하기 위해 관로 내 수압과 수질을 실시간으로 감시하고 원격으로 제어할 수 있는 관망 관리 인프라를 확대 설치했다. 그 결과 누수와 같은 수도 사고를 예방하고 사고가 발생하더라도 보다 신속하게 대처할 수 있게 됐다. 이 외에도 원격검침시스템, 누수 알림 문자 발송, 물 사용량 및 수질정보 제공 등 고객서비스를 개선하는 노력도 소홀히 하지 않고 있다.

스마트 상수도 사업은 대한민국 수돗물의 질적 수준을 한층 높이고 국민 물 복지를 실현하는 계기가 될 것이다. K-water는 앞으로 다양한 환경 변화와 사회 요구에 부응하여 항상 안전하고 깨끗한 수돗물을 국민에게 공급하고 최상의 물 서비스를 제공할 수 있도록 기술과 운영관리 혁신을 지속해 나갈 것을 약속한다.

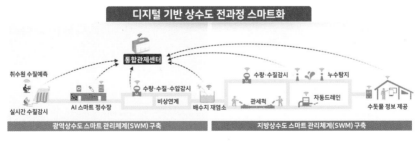

첨단기술 기반 상수도 전과정 스마트화

경남서부권 수도통합

김건욱

2020년은 우리나라 인구 리스크가 본격화된 해다. 사상 처음으로 출생아 수가 사망자 수보다 적어 총인구가 감소하는 인구 데드크로스(Dead Cross)를 기록했다. 2020년 합계출산율은 0.84명. OECD 회원국 중 유일하게 1명 미만으로 2년 연속 198개국 중 최하위에 이름을 올렸다. 수도권 인구가 비수도권 인구를 추월하고, 지방은 인구감소와 수도권 집중으로 인한 인구 유출, 저출생 고령화까지 더해지며 소멸의 위기에 봉착한다. 지역의 인구가 감소하면 지역 상권 붕괴, 지방 재정 부담 증가, 복지와 공공서비스 축소 등의 문제가 생기고 이는 지역 공동체 자체를 위태롭게 만든다. 정부가 저출생 극복과 국가 균형 발전을 위한 다양한 대책을 추진하고는 있지만, 위기의 끝은 보이지 않고 있다.

우리나라 수도는 크게 K-water의 광역상수도, 지방자치단체 관할의 지방상수도와 마을상수도로 구분한다. K-water가 두 곳 이상의 지자체에

원수나 정수로 공급하는 수도가 광역상수도인데, 통상 지방상수도를 거쳐 수돗물을 공급한다. 지방상수도는 지자체가 관할 지역주민 등에게 원수나 정수를 공급하는 수도를 가리키며, 마을상수도는 100명 이상 2,500명 이내 급수 인구에게 정수를 공급하는 수도를 일컫는다.

전국에는 지방상수도를 공급하는 161개의 지자체 수도사업자가 있다. 하지만 각 지자체별 재정 상태와 수돗물 공급 여건, 인구밀도, 기술 역량의 차이로 지역 간 물서비스 불균형이 심각한 상황이다. 2021년 상수도 통계에 따르면 전국 평균 수도요금은 721원/m^3인데 특 · 광역시의 수도요금 평균은 629원/m^3이나, 군(郡) 단위의 수도요금 평균은 966원/m^3이다. 수돗물 생산원가(989원/m^3) 대비 수도요금 비율을 의미하는 요금 현실화율은 특 · 광역시 평균이 77.9%, 군 단위 평균은 43.2%이다. 수도사업은 지자체 고유사무로 수익자 부담 원칙에 따라 수도요금을 재원으로 운영 중이나 낮은 현실화율, 즉 높은 생산원가 대비 낮은 수도요금으로 인해 적자구조를 면치 못하고 있는 실정이다. 이는 비단 수도요금뿐만 아니라 수돗물 품질 관리, 급수 보급률, 유수율(수돗물 총생산량 중 공급과정에서 새지 않고 요금으로 회수되는 물량의 비율), 민원 응대 등 서비스 전반의 격차를 유발한다. 여기에 중 · 소규모 지자체는 규모의 영세성까지 더해져 전반적인 수도사업 경쟁력 약화로 이어지는 악순환이 반복되고 있다.

수도통합을 통한 상수도 혁신 필요

지역 소멸과 인구감소 등 경제사회적 조건
변화와 고질적인 수도 서비스 불균형 문제를
해결할 방안으로 '수도사업 통합'이 꼽힌다.
수도사업 통합은 사업 효율성과 서비스
향상을 목적으로 지자체별로 경영 중인
수도사업의 운영과 시설관리, 요금을 통합
하는 것을 의미한다. 정부는 그동안 지방상수도 개선을 위한 대안으로
수도통합을 모색했지만 지역주민과 공무원 노조, 시민단체의 반대와
지자체 간 엇갈린 이해관계로 인해 큰 성과를 내지는 못했다. 하지만
최근 인구감소와 지방 소멸 위기가 가시화되면서 상수도 서비스를 혁신
하고 지속 가능한 사업구조를 확보하는 방안으로 수도통합 정책이 다시
부각되고 있다.

정부는 수도통합을 반영한 '물 서비스 고품질화 및 격차 해소'를 국정
과제로 채택해 정책 동력을 확보했고 수도 분야의 국가 최상위 계획인
'국가수도기본계획(2022년~2031년)'에는 지속 가능한 수도 서비스 제
공을 위한 사업구조 개편 모델 정립과 상수도 통합 추진을 정책 과제로
포함하였다. 비슷한 문제를 겪고 있는 해외 국가도 수도통합을 본격화
하고 있다. 일본의 도쿄 수도국은 도쿄 인근 25개 지역 상수도를 단계적
(위탁 → 직접 경영)으로 통합했고, 미국 애리조나 기업위원회는 11개
기업이 운영하던 수도사업을 1개로 통합하며 주요 지자체별로 상이하던
수도요금을 단계적으로 조정한 후 단일요금을 적용한 바 있다.

경남 서부권 상수도 통합운영

경남 서부지역에 위치한 사천, 거제, 통영, 고성 4개 지자체는 유수율 제고를 통한 지방재정 부담 완화와 물 공급 서비스 향상을 목표로 지방 상수도 운영을 K-water에 개별 위탁하였다(사천(2005년), 거제(2007년), 통영·고성(2009년)). 이들 지자체는 남강댐을 수원으로 하는 광역상수도의 사용 비율이 97%~100% 수준으로, 광역상수도와 지방상수도를 연계 운영하기에 좋은 조건이었다. 이에 K-water는 2009년 지자체와 협약을 체결하고 2012년부터 현재까지 4개의 지방상수도를 통합 운영 중이다.

통합운영 이후 지역별 여유량을 활용한 타 지역 급수 보급과 원가 절감, 정보 공유, 지역 간 관로 연계를 통한 적정 수질관리, 사고 저감 등의 통합 효과를 입증하고 서비스 격차 해소를 성공적으로 실현하고 있다. 대표 사례로는 고성군 수도시설  여유량을 인접한 미급수 지역인 통영 사량도에 공급하는 행정구역 간 물 이동을 실시하여 932세대 상수도 공급을 확대함으로써 30년간 192억 원의 재정 절감 효과를 거두었다.

특히 2020년에는 경남 서부권 4개 지방상수도 요금을 단일화했다. 통합 운영 성과를 기반으로 단일요금 모델을 설계하고 참여 지자체에 재정 인센티브를 지원하는 조건으로 합의를 이끌어 낼 수 있었다. 이는 물관리 일원화 이후 수도사업자 간 상생 협력을 기반으로 추진한 최초의 지자체

구간	통영시		사천		거제		고성	
	당초	변경	당초	변경	당초	변경	당초	변경
~10	560	620	670	620	620	620	800	620
~20	710	870	670	870	870	870	800	870
~30	880	870	970	870	870	870	1,390	870
~40	1,120	1,120	1,240	1,120	1,180	1,120	2,090	2,090
~50	1,480	1,120	1,240	1,120	1,180	1,120	2,090	2,090
51~	1,830	1,120	1,240	1,120	1,180	1,120	2,090	2,090

수도요금 통합 사례다. K-water는 지방소멸에 대응하는 지속 가능한 수도 공급체계를 구축하기 위해 앞으로 이 성과를 활용하여 광역-지방, 지방-지방 상수도 간 통합운영 모델을 고도화하고 정책개발을 지속해서 추진하고자 한다. 또한 경남 서부권의 사례를 수도통합의 대표 모델로 발전시켜 지역 간 차별 없는 물 공급 서비스와 국민 물복지 향상에 기여할 것이다.

K-water

물나눔-3

식품위생 수준 수돗물 생산·공급

한승철

과거 일반 국민들은 수돗물이 끊기지 않고 나오는 것 자체로 행복했다. 하지만 1980년대 말부터 수돗물 오염 논란이 사회 문제로 불거지면서 수돗물은 불안감의 대명사가 된다. 그 시작은 1989년 전국 상수도 수질 검사 결과 수돗물에 기준치 이상의 철·카드뮴·페놀 등 중금속이 포함됐다는 발표가 나오면서부터다. 여기서 그치지 않고 1990년 소독부산물인 트리할로메탄(THM)의 WHO 수질 기준(0.1mg/L) 초과, 1991년 낙동강 페놀사건 등 충격적인 수질사고가 연달아 터지며, 수돗물 불신이 국민들 사이에서 급속히 퍼졌다. 특히 1991년 낙동강 페놀 사건은 관련자가 구속

연도	내용
1989년	수돗물 중금속 오염 사고 • 중금속 기준치 초과
1990년	트리할로메탄 검출 파동 • THM 기준치 초과
1991년	낙동강 페놀 오염사고 • 페놀로 인한 악취 발생
1993년	수돗물 세균 오염 논쟁 • 서울시 세균 기준치 초과
1994년	낙동강 유기용제 오염사고 • 벤젠, 톨루엔 검출
1997년	수돗물 바이러스 논쟁 • 서울, 인천시 바이러스 검출

되는 등 그 파급 효과도 상당했다. 이후로도 낙동강 수계에서는 1-4 다이옥산, 퍼클로레이트, 과불화화합물 등 미량 유해 물질이, 한강수계에서는 지오스민, 2-MIB 등 냄새물질 이슈가 계속해서 발생했다. 최근에는 인천 붉은 수돗물(적수) 사고, 깔따구 유충, 그리고 대구 수돗물 마이크로시스틴 검출 논쟁까지 일어났다. 수돗물 오염 논란은 30여 년이 지난 지금도 현재 진행형이다.

붉은 수돗물과 깔따구 유충이 키운 '수돗물 포비아'

2019년 5월 인천의 적수 사태는 지방상수도 수돗물 공급계통을 바꾸는 작업 중 관로 내 물 흐름이 바뀌자 관 내부에 가라앉아 있던 물질들이 떠올라 가정으로 탁한 물이 공급된 사고다. 당시 많은 가정에서 수돗물 정수 필터를 사용했는데, 통상 1~2달은 써야 변색되던 필터가 2시간도 안 돼서 변색됐다는 항의가 빗발쳤다. 그해 5월 30일부터 8월 5일까지 68일간 총 4만 2,722건의 민원이 접수됐고 보상액만 104억 원에 달했다. 여기서 끝이 아니었다. 적수 사태의 충격이 채 가시기도 전인 2020년 7월, 같은 지역인 인천시 수용가에서는 깔따구 유충이 발견됐다. 적수 사고 이후 많은 가정에서 싱크대, 샤워기 등에 필터를 설치했는데, 필터에 '움직이는 생물'이 있다는 신고가 접수돼 당국이 조사에 나섰다. 그 결과 고도정수처리시설 중 하나인 입상활성탄지에서 발생한 깔따구 유충이 유입됐음을 확인했는데 비슷한 시기 인천뿐만 아니라 제주에서도 같은 내용의 신고가 접수되었다. 이후 전국 정수장 실태조사 결과 해당 지역을 비롯한 여러 정수장에서 깔따구 유충이 추가로 발견되었다. 지역 인터넷 커뮤니티 등을 중심으로 수돗물 관리에 대한 불만이 확산되고 전국적으로 생수와 샤워기 필터 판매량이 급증하는 등 수돗물 불안은 극에 달했다. 설상가상 해당 물을 수질검사한 결과 아이러니하게도 모두 '기준 이내'로 판정받았다. 먹는 물 수질기준 61개 항목에 필터변색 정도와 유충은 포함되지 않았다. 이는 다른 국가의 수질기준에서도 마찬가지였지만 결과적으로 당시에는 수돗물 신뢰 척도인 수질검사 결과가 수돗물 불신을 해소하기에는 역부족이었다.

식품위생 수준으로 수돗물 관리 강화

적수 사태와 수돗물 유충 사고 이후 우리 사회는 단순한 수도시설 인프라 개선을 넘어 수돗물 서비스 전반 혁신, 기존 공급자 중심에서 최종 사용자인 국민 중심으로 관점 이동, 나아가 수질 안전 중심으로 전환 등을 요구했다. 환경부는 2019년 수돗물 안전관리 종합대책, 2020년 수돗물 위생관리 종합대책을 잇따라 발표하고 K-water는 국민의 눈높이에 맞는 안전한 수돗물 공급을 위해 식품위생 수준의 정수장 관리방안을 마련했다. 이에 따라 K-water는 현재 유충 등 소형미생물의 정수장 유입·유출을 원천적으로 차단하기 위해 모든 광역상수도 생활정수장을 대상으로 유충 차단, 수처리 효율 강화, 정수장 환경개선 등 20개 시설 개선 과제를 추진하고 있다. 정수장 시설 개선과 연계해 식품 안전 국제표준 규격인 식품안전경영시스템(ISO22000)을 도입했다. 이는 수돗물을 식품으로 인식하고 모든 수돗물 생산·공급 체계를 획기적으로 개선한다는 의미다. 2021년 4월 화성정수장을 시작으로 2022년 말까지 전국의 광역

성남정수장 리뉴얼 조감도

상수도 39개 모든 생활정수장이 ISO22000 인증을 완료했다.

K-water는 정수장 내부 시설 개선과 함께 빅데이터를 기반으로 실시간 취수원 이상 수질 예측 시스템을 구축하고 관로 상 미량유해물질 감시 체계를 도입하는 등 취수원의 수질 감시와 생산·공급과정의 품질 관리를 강화할 계획이다. 또한 미량유해물질, 조류 등 기후변화에 따라 증가하고 있는 이상 수질에 대비해 고도정수처리시설 확대도 추진한다. 기존 고도정수처리시설 12개에 더해 2025년까지 도입이 시급한 10개 정수장에 처리 시설을 우선 설치하고 상수원 수질 여건을 고려해 단계적으로 시설을 확대할 계획이다.

이와 더불어 노후화된 정수장은 리뉴얼 사업을 통해 디지털·저탄소 중심의 최신 물관리 트렌드에 맞춰 미래형 정수장으로 탈바꿈할 예정이다. K-water는 취수원에서 수도꼭지까지 상수도 全과정에 식품위생 수준의 안전 관리 체계를 구축해 국민이 안심하고 마실 수 있는 수돗물을 공급할 수 있도록 앞으로도 최선을 다할 것이다.

K-water

분산형 용수공급 시스템

박정주

하루의 피로를 개운하게 푸는 샤워 시간, 머리에 샴푸를 잔뜩 칠했는데 갑자기 물이 안 나온다면? 물낭비가 심한 세태에 경종을 울리고 물절약을 강조하기 위해 제작된 과거 공익광고의 한 장면이다. 하지만 가상에 그치는 것이 아니다. 믿기 어렵겠지만 우리나라에는 아직도 일상생활에서 물 부족을 걱정하는 물 이용 취약지역이 있다. 국민 대부분은 댐과 하천을 수원(水源)으로 하는 광역상수도와 지방상수도를 통해 정수 처리 과정을 거친 깨끗한 수돗물을 안정적으로 공급받는다. 하지만 수돗물이 공급되지 않는 농촌·산간지역은 마을상수도(20~500m³/일 규모) 또는 소규모 급수시설(20m³/일 규모 미만)을 이용하는데, 대부분이 지하수와 계곡수를 수원으로 하고 있어서 가뭄 시 안정적인 수량 확보가 어렵고, 시설 관리도 부실해 안전한 수질을 담보하기 어려운 상황이다. 선진국 도약과 급수 보급률 100%를 목전에 두고도(2021년 99.4%) 대한민국에는 여전히 '물 걱정'을 하며 사는 사람들이 있다.

보편적 물복지 실현을 위한 분산형 용수공급 시스템

K-water와 환경부는 우리나라 모든 국민의 보편적 물복지를 완성하고자 물 이용 취약지역에 맞춤형 정수시설인 분산형 용수공급시스템 구축 사업을 추진하고 있다. 분산형 용수공급이란 기존 광역·지방상수도의 집중형 용수공급에 대응하는 개념으로 정수시설을 수요자 인근에 분산 배치하고 단거리 관로와 네트워크 기반 통합 운영 등을 통해 깨끗한 물을 안정적으로 공급하는 신개념 수도 시스템이다.

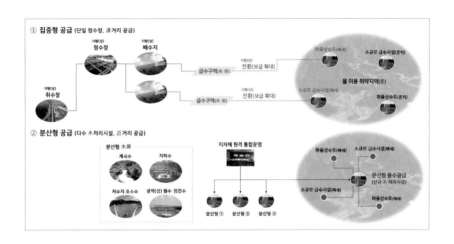

다양한 수원(계곡, 지하수, 저수지 등)과 수질 등 지역별 특성을 고려한 맞춤형 수처리 공정을 적용해 수질을 효과적으로 관리하며 지역의 특성에 따라 크게 '통합형'과 '개별형'으로 구분한다.

우선 통합형은 기존 급수시설이 상호 근거리에 있을 때 정수처리 시설을 통합해 수돗물을 공급하는 방식이다. 규모의 경제를 통한 수돗물 생산

분산형 수처리 표준공정(안)

공정	다층여과기(MMF[1])	역삼투(R/O Cartridge Filter+BWRO[2] Unit)	염소소독(차염)
제거물질	탁도, 철·망간	불소, 비소, 질산성질소, 라돈, 우라늄	일반세균, 대장균

1 MMF(Multi Media Filter) : 자갈 + 모래 + BIRM(철, 망간 제거) 등 여재 혼합
2 BWRO(Brackish Water Reverse Osmosis) : 역삼투압 방식 정수설비

원가 절감과 시설관리 인력 최소화가 가능하다. 개별형은 기존 급수시설 통합이 불가한 지역을 대상으로 삼는데, 수처리시설을 모듈화하고 컨테이너 외형을 표준으로 적용한 덕분에 효율성과 이동성이 극대화하는 장점이 있다. 두 방식 모두 ICT(정보통신기술)를 기반으로 통합운영 시스템 및 조기경보 체계를 만들어 마을마다 분산 배치된 수처리시설을 원격 감시 및 제어함으로써 사각지대 없이 용수를 공급할 수 있다.

K-water는 분산형 용수공급 시스템을 본격적으로 도입하기 앞서 30가구 100여 명의 인구가 거주하는 강원도 인제군 안삽재 마을에 개별형 시스템을 우선 설치해 맑은 물을 안정적으로 공급하고 있다. 안삽재 수처리시설은 모듈화·컨테이너화 뿐만 아니라 원수 회수율을 최대 95%까지 끌어올리는 농축수 폐순환 역삼투막(CCRO) 공법과 유지관리가 쉬운 막여과 모듈 인출 시스템, 폴딩도어를 국내 최초로 적용한 시설이다. 수질에 따라 수처리 모듈

변경이 쉽고 이동성이 좋아 설치 지역 변경이나 재활용이 가능하다. 수처리 효율성 또한 우수해 향후 급수 소외지역에 널리 활용될 것으로 기대를 모으고 있다.

K-water는 안삽재 마을 개별형 시스템 성공 이후 수질·수량·급수 인구 등을 종합적으로 검토한 뒤 이 결과를 토대로 인제, 영동, 김천에 본격적인 분산형 용수공급 시범사업을 실시했다. 13개 마을 상수도와 소규모 수도 시설에 총 사업비 115억 원을 투자해 분산형 용수공급 시스템을 설치 중으로 2023년 준공을 앞두고 있다. K-water는 앞으로도 시범사업 성과를 바탕으로 환경부 및 각 지자체와 적극 협의하여 분산형 용수공급 사업을 단계적으로 확대하고 이를 통해 군부대와 도서 산간, 오지 등 물이용 취약지역의 물복지를 높여갈 것이다.

K-water

물나눔-5

유역수도지원센터와
국가상수도 정보통합

문지영

「수돗물, 변기물로밖에 못써...」, 「적수사태에 필수품된 정수필터, 판매량 '껑충'」, 「수돗물 유충 공포에 불티나는 '생수'」, 「'수돗물 유충 화들짝' 구충제 먹어야 하나?」…. 2019년 인천시 수돗물 적수 사고와 2020년 인천 공촌정수장 수돗물 깔따구 유충 발생 당시의 언론기사 제목이다. 수돗물 사고는 인천시민들의 평온한 일상을 무너뜨렸다. 식사와 설거지, 세면과 목욕은 부족하나마 생수로 해결해야 했고 학교급식은 오랜 기간 빵과 우유로 대체됐다. 물을 많이 필요로 하는 세탁은 다른 지역 빨래 빙을 이용하는 촌극이 펼쳐졌고 가려움과 설사 증상을 호소하는 사람도 늘어나는 등 수돗물 포비아(공포)가 극에 달했다. 정부는 「수돗물 안전관리 종합대책(2019년 11월)」, 「수돗물 위생관리 종합대책(2020년 9월)」을 잇따라 발표하고 수돗물 위기와 불신을 극복할 구원투수로 K-water의 등판을 요청한다.

지자체 수도사업자의 든든한 조력자, '유역수도지원센터'

계속되는 수도 사고의 원인은 뭘까. 무엇보다 수도시설 운영관리 인력의 전문성 문제를 꼽을 수 있다. 급수 보급률 확대와 고도정수처리 도입 등으로 관리 대상 시설은 지속해서 증가하고 있지만, 수도시설 종사 인력은 오히려 감소하고 그마저도 잦은 인사이동과 근무 기피로 기술 전문성과 경험이 부족한 실정이다. 지자체 자체 노력만으로는 전문가를 확보하고 운영역량을 강화하는 데 한계가 있다.

수도시설 대비 운영인력 변화

환경부는 이러한 문제점을 해결하기 위해 전국 4개 유역별로 유역수도 지원센터를 설립하고 최고의 물관리 전문성과 기술을 보유한 K-water 에 운영을 위탁했다. 센터의 주요 임무는 사고 발생 시 신속하게 위기에 대응하고 사고 예방을 위한 기술을 지원하는 것이다. 구체적으로 상수도 사고 원인 조사, 위기 대응, 개선방안 컨설팅 등의 역할을 담당하며 지방 상수도의 사고 대응체계 전반을 지원한다. 그리고 유수율 향상, 노후관 정밀조사, 정수장 공정·설비 개선과 같은 기술 컨설팅을 제공하고 수질

관리, 급수 취약지역 해소 등 물복지 서비스 향상 임무를 수행한다. 161개 지자체 수도데이터의 수집·관리를 위한 운영시스템 관리업무도 담당하고 있다. 유역수도지원센터는 지난 2년간 3,667건의 기술 지원과 위기 대응을 통해 지방상수도 서비스의 질적 수준을 한층 업그레이드했고 앞으로도 수도 사업자의 전문성을 견인하는 보다 적극적인 역할을 수행할 것이다.

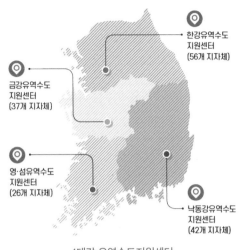

금강유역수도 지원센터 (37개 지자체)

한강유역수도 지원센터 (56개 지자체)

영·섬유역수도 지원센터 (26개 지자체)

낙동강유역수도 지원센터 (42개 지자체)

4대강 유역수도지원센터

한편 K-water는 광역상수도와 161개 지방 상수도 실시간 운영 모니터링을 위해 2022년 11월 유역수도지원센터 종합상황실을 개소했다. 종합상황실에서는 앞서 살펴본 스마트상수도와 연계해 취수부터 배·급수까지 상수도 공급 全 과정의 주요 운영정보(수량, 수질 등)를 수집·

유역수도지원센터 종합 상황실

감시한다. 이로써 신속한 사고 감지와 선제적 위기 대응이 가능해지며 지자체 수도사업자 지원을 보다 강화할 것으로 기대를 모으고 있다.

또한 유역수도지원센터 종합상황실의 정확한 수도정보 획득과 체계적 업무지원을 위해 국가상수도정보시스템 시설현황과 GIS정보의 연계를 추진 중이다. 이를 통해 모바일앱으로 제공하던 사용자 위치 기반 수돗물 수질 정보 제공, 동파 위험, 옥내 누수 알림 등의 기존 수도서비스와 더불어 다양한 대국민 서비스를 추가로 발굴·제공할 수 있다. K-water는 국가상수도 정보 통합과 실시간 모니터링 체계 구축을 성공적으로 완수하여 수도사업자와 국민을 연결하는 수도 정보를 생산·공유하고 수돗물 인식 개선, 수돗물 이용 편의성 제고 등의 성과를 창출하기 위해 노력할 것이다.

K-water

물나눔-6

수돗물 음용률 향상 노력

박지혜

여러분은 수도꼭지에서 나오는 수돗물을 마시고 있는가? 환경부가 2021년 처음 실시한 '수돗물 먹는 실태조사 결과 보고서'에 따르면, 물을 마실 때 정수기를 이용하는 비율(중복 선택 가능)이 49.4%, 먹는 샘물(생수)을 구매하는 비율은 32.9%로 나타났다. 한편, 수돗물을 그대로 먹거나 끓여서 마시는 비율은 36.0%로 나타나, 국민 3명 중 1명은 수돗물을 마시는 것으로 확인됐다. 얼핏 보면 생각보다 많은 사람이 수돗물을 마시고 있는 것으로 판단할 수도 있으나, 수돗물을 '직접 마시는' 사람들의 비율, 즉 수돗물의 직접 음용률은 세계 최하위권이다. 2013년 OECD 국가의 평균

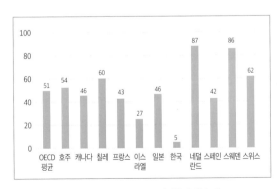

OECD 주요국 수돗물 직접음용률(%)
OECD(2013), Greening Household Behaviour;2011 Survey

직접 음용률은 51%이고 네덜란드는 87%로 가장 높은 수준의 음용률을 보인 반면 대한민국은 5% 수준에 머물렀다.

과학적인 정수 처리 공정과 엄격한 먹는 물 수질검사를 거쳐 공급되는 우리나라 수돗물의 품질은 전 세계적으로 상당히 우수한 수준임에도 불구하고 음용률은 상대적으로 낮다. 원인은 수돗물 배관 노후 우려, 수질 사고, 부정적 언론 보도 등이 복합적으로 작용한 것으로 보인다. 실제 체험한 것보다 뉴스 기사 등 간접 경험을 통해 국민 사이에 확산된 불안감이 수돗물을 마시지 않는 분위기에 영향을 미친 셈이다.

정부와 국회도 이런 문제점을 인식하고 2019년 수도법을 개정해 국가와 지자체, K-water 등 수도사업자에 '수돗물 인식 및 음용률 제고'에 대한 의무를 부여했다. 이에 따라 환경부 주관의 '수돗물 먹는 실태조사'를 3년마다 의무적으로 시행하고 수돗물 음용률을 국가 공식 통계로 산정한다. 수돗물 음용률에 대한 국제 표준이나 제도적 기준은 없지만, 국내에서는 '수돗물을 항상, 자주 그대로 마시거나 끓여 마시는 비율'로 통용하고 있다.

현재 상수도 보급률이 거의 100%에 육박하고 건강과 위생에 대한 국민의 관심이 증대하면서 안심하고 마실 수 있는 건강한 수돗물에 대한 관심이 높아지고 있다. 깨끗한 수돗물을 생산·공급하기 위해 막대한 예산을 투자해 시설 개선을 추진하고 있지만 결국 국민이 수돗물을 직접 마실 정도로 신뢰를 확보하지 못한다면 무용지물이 될 수밖에 없다. 수돗물 신뢰 회복과 음용률 향상은 국민 삶의 질 제고를 위해 더 이상 미룰 수 없는 국가적 과제다.

선진국 수준의 수돗물 음용률 달성을 위하여

수돗물 직접 음용률이 높은 국가들은 수돗물 인식 개선을 위해 캠페인을 전개하고 언론 보도를 활용하여 수돗물의 안전성과 친환경성, 건강 증진 효과를 홍보하고 있다. 프랑스는 2005년부터 유명 디자이너가 디자인한 물병에 수돗물을 담아 마시는 캠페인을 벌이고 공원 등 공공 시설에 세련된 디자인의 무료 음수대를 설치하는 방식으로 수돗물 음용을 권장하고 있다. 덴마크는 매년 물 그랑프리를 개최해 와인 감별사가 수돗물의 수질을 공개적으로 테스트하고 그 결과를 알리는 이벤트를 실시한다. 영국, 이탈리아, 호주의 식당과 호텔은 수돗물을 병에 담아 이용객에게 배포하고 캐나다 밴쿠버시는 'Zero Waste Challenge' 주제로 일회용 생수를 구입하는 대신 재활용 물통에 수돗물을 마시겠다는 서약식을 개최해 수돗물 음용률 향상과 더불어 플라스틱을 줄이는 효과까지 냈다.

K-water는 대한민국 대표 수도사업자로 저탄소 · 스마트 기술 기반의 상수도 혁신을 통해 국민이 모두 안심하고 마시는 수돗물 서비스를 실현하고자 한다. 정수장에서는 인공지능을 활용해 깨끗한 물을 생산하고, 국민들은 디지털화된 물 공급 全 과정을 PC와 모바일, 때로는 길거리의 전광판을 통해 실시간으로 확인해 전국 어디든 격차 없는 물 서비스를 즐길 수 있도록 모든 수도시설을 종합적으로 개선하는 중이다.

| 수돗물 사랑방 | 이동형 음수대 |

또한 국민들의 수돗물 인식을 개선하기 위해 일상 속 수돗물 체험공간을 조성하고 수돗물의 가치를 직접 느낄 수 있는 체험 서비스 역시 보다 강화하고 있다. 2021년부터 지자체 · 공공기관과 함께 다수 시민이 이용하고 홍보 효과가 좋은 공원과 학교 등 공공시설에 수돗물 사랑방(논산, 서산)과 도심형 공공 음수대(세종)를 설치해 수돗물 음용과 주민 소통

| 수돗물 음용 챌린지 | 수돗물 음용 홍보 |

공간으로 활용할 수 있게 했다. 한국도로공사와 함께 고속도로 내 졸음 쉼터에 이동형 수돗물 음수대(전주, 경기 광주)를 설치, 졸음운전 사고 예방과 수돗물 신뢰 확산이라는 두 마리 토끼를 잡았다. 이 외에도 수용가 수도꼭지 수질검사, 옥내배관 진단·세척을 제공하는 '수돗물 안심 서비스'도 확대 운영 중이다.

수돗물 안심 서비스

한편 K-water는 온·오프라인 공간에서 다양한 수돗물 음용 캠페인을 펼치고 있다. 각종 행사에서 친환경 음용 홍보부스를 운영하고 물맛 블라인드 테스트 등으로 시민들의 관심을 모았다. 인플루언서, 시민단체 등과 함께 수돗물 전용 온라인 소통 공간 '수돗물 브런치'를 오픈하고, 수돗물 음용 챌린지인 'Zero Plastic×Love Tap Water'를 추진했다. 앞으로도 K-water는 안전하고 깨끗한 수돗물을 생산·공급하고 정확한 수돗물 정보를 제공하여 국민 모두 안심하고 수돗물을 즐겨 마실 수 있도록 최선의 노력을 다하고자 한다.

K-water

물나눔-7

지방상수도 현대화사업

오동진

모든 사회 기반시설이 그렇듯, 정수장과 수도관도 눈에 보이지 않을 뿐 매일 낡고 있다. 현재 우리가 사용 중인 정수장이나 관로 등 수돗물 공급 시설 대부분은 1980~1990년대 도시 개발과 인구 증가에 따라 건설됐다. 2021년 기준 우리나라 관로 시설의 36%(전국 23만 3,701km 중 8만 3,925km), 정수장의 54%(482개 중 262개)가 21년 이상 경과한 노

21년 이상 경과 관로 추이

상수도관 파손

후 시설이며 2030년에는 그 비율이 각각 65%, 93%에 달할 것으로 보인다.

노후 수도시설은 어떤 문제가 있을까? 정수장은 수질 사고에 취약해지고 국민들의 수돗물 불안은 가중된다. 관로 부식으로 누수가 발생하며 심할 경우 파손으로 단수사고가 발생한다. 현재 정수장에서 생산된 수돗물의 82%만 가정으로 공급되고 나머지 18%는 땅속으로 새고 있는데 그 양이 연간 약 6.9억 톤으로 팔당댐 저수용량의 약 3배, 금액으로는 6,748억 원에 달한다. 이상기후 때문에 가뭄이 빈번하게 발생하고 있는데, 노후 수도시설을 개선하지 못하면 수량 확보와 먹는 물 안전은 더욱 심각한 위협을 받을 수 있다.

지방상수도 누수를 관리하고 맑은 물을 공급하는 주체는 지방자치단체다. 지자체는 각 가정에 수돗물을 공급하고 시민들에게 수도 요금을 징수한다. 이렇게 확보된 재원은 노후관 교체나 상수도 시설 확장 등에 사용한다. 하지만 지금의 수도 요금은 수돗물 생산·공급 원가에도 미치지 못해 상수도 시설 개선을 위한 투자 재원 확보가 곤란한 상황이다. 특히, 상수도 시설 운영에 필요한 전문인력과 기술 부족으로 누수량 저감에 많은 어려움이 있다.

정부는 이러한 지자체의 상수도 재정 여건과 운영관리 한계점을 인식하고 수도사업의 선(善) 순환체계 구축을 위해 국가 차원의 상수도 시설 현대화 추진방안을 수립했다. 2015년 지방상수도 노후도 실태 평가를 실시한 후 2016년 노후 지방상수도 1단계 현대화 사업 국고보조(50~

70%)를 결정했다. 2017년부터 전국 161개 지자체 중 상수도 시설이 취약한 118개 지자체(유수율이 70% 미만 급수구역이 포함된 시·군) 133개 사업에 총사업비 3조 962억 원을 투자해 유수율을 85% 이상으로 높이기 위한 노후관로 교체와 정수장을 개선하는 현대화 사업을 시행하게 된다. 사업 기간은 당초 2028년까지였으나 2019년 인천 적수 사태, 2020년 깔따구 유충 사태 등을 겪으면서 2024년 완료로 앞당겨졌다.

K-water의 지방상수도 현대화사업 추진성과

K-water는 댐과 광역상수도 운영으로 쌓아온 물관리 전문성과 기술력을 활용해 2004년 논산시를 시작으로 현재 23개 지자체의 지방상수도 수도 시설을 수탁 운영하고 있다. 수탁 전 지방상수도 유수율은 40~50% 대로 저조하였으나, K-water 수탁 이후 시설투자와 전문 인력 확보, 과학적 운영 관리를 통해 유수율이 84% 이상(2020년 기준)으로 크게 좋아졌다.

이러한 성과를 인정받아 1단계 현대화 사업 중 전문 인력·기술력 부족 등으로 직접 사업 추진이 어려운 지자체의 75개 사업(관망 71, 정수장 4)을 K-water가 수탁해 추진 중이다. 우선 사업 대상이었던 장수군 등 7개 지자체에 노후관 부분 개량, 블록 시스템 구축(실시간 누수량

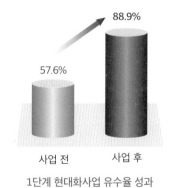

1단계 현대화사업 유수율 성과

관리), 수압 관리, 야간 누수탐사 · 복구 등으로 유수율을 85% 이상 달성하는 데 성공했다. 짧은 사업 기간(5년)과 높은 성과목표(유수율 85%)의 어려운 여건에도 불구하고 7개 사업 모두 성과 판정 합격을 받았다. 아울러 45년간 제한급수를 겪었던 남해군의 물 공급 문제를 해결하는 등 물 전문 기관으로 그 역량을 다시금 입증하기도 했다. 현대화 사업을 통해 연간 965만 톤의 누수량을 저감해 304억 원 상당의 수돗물 생산 비용을 아끼고 연 2,384톤에 달하는 탄소 저감 효과도 거뒀다. 향후 모든 지자체에서 유수율 목표 달성에 성공한다면 연 1억 5,800톤의 누수를 잡고 3만 9,000톤의 탄소 배출량도 줄여 국민 물복지 향상, 재정 절감, 탄소중립 실현에 이바지할 것으로 예상한다.

하지만 '1단계 현대화 사업'은 건설된 지 21년 이상 경과한 노후관 중 교체가 시급한 관로 4%(3,332km)만을 대상으로 하고 있어, 관로와 정수장의 노후화를 완전히 해소하기에는 한계가 있다. 노후 수도 시설에 대한 지속적인 개량과 관리가 뒷받침되지 않는다면 당초 계획한 정책 목표를 온전히 달성하기 어렵고 1단계 현대화 사업의 성과마저 무위로 돌아갈 수 있다. K-water는 정부와 함께 지속적인 노후관 교체, 과학적 수량 · 수질관리를 위한 후속 사업을 차질 없이 준비해 깨끗하고 안정적인 수돗물 공급의 시대 소명을 완수할 것이다.

K-water

탄소중립 정수장

류기성 · 최홍열

2015년 파리협정(Paris Agreement) 이후 기후변화에 대응하는 국제 공조와 각국의 탄소중립 선언이 이어지고 있다. 탄소중립(Net Zero)은 이산화탄소를 배출한 만큼 이산화탄소를 흡수하는 대책을 세워 이산화탄소의 순배출량을 '0'으로 만드는 걸 의미한다. 우리나라는 2020년 10월 '2050 탄소중립'을 선언하고 탄소중립 선도국으로 도약하기 위해 국가적 노력을 기울이고 있다. 물관리 분야 역시 예외가 아니다. K-water는 2020년 11월 공공기관 최초로 기후위기 경영을 선포하고, 2021년 4월

K-water 2050 탄소중립로드맵 추진전략

'RE100' 가입 완료에 이어 같은 해 12월 'K-water 2050 탄소중립 로드맵'을 발표했다. 국내 1위의 신재생에너지 기업으로서 온실가스 배출량보다 감축량이 많은 녹색 전환을 이미 달성했지만, 2050년에는 여기에 더해 780만 톤의 온실가스를 감축하겠다는 도전적 목표를 설정하였다.

K-water 탄소중립 로드맵의 핵심 전략 중 하나는 저탄소 고효율로 물을 공급하는 것이다. 상수원에서 물을 취수하여 정수장으로 송수한 후 각종 여과 기능을 거쳐 수돗물을 만드는 정수장은 대표적인 에너지 多 소비 시설이다. 취수장-가압장-정수장에서 사용하는 에너지는 공사 전체 전력량의 약 93%를 차지하며, K-water가 배출하는 온실가스의 97%도 이 과정에서 발생한다.

K-water는 친환경 저탄소 수돗물을 생산·공급하고 공공부문 탄소중립 노력을 선도하기 위해 '광역정수장 탄소중립'을 중점적으로 추진한다. 전국 광역정수장 43개소의 사용 전력량은 연 76GWh인데, 이는 약 2만 가구가 1년 동안 사용할 수 있는 양이며, 이 과정에서 배출되는 탄소는 연간 3만 5,000톤에 달한다. 맛·냄새 물질과 미량유해물질을 제거하기 위한 고도정수처리시설 도입, 용수공급 확대, 수질 감시 모니터링 등으로 수도사업장 에너지 사용량은 계속 늘어날 전망이고 수돗물 공급의 안정성과 경제성을 고려한 최적 모델을 마련해야 하므로 광역정수장 탄소중립 과제는 난이도가 높고 많은 노력이 필요하다.

신재생 에너지와 고효율 운영으로 '탄소중립 정수장' 실현

K-water의 탄소중립 정수장 실현 방안은 신재생에너지 생산과 사용 에너지 절감이 핵심이다. 먼저 정수장의 침전지, 건축물 옥상 등의 여유 공간을 활용하여 태양광 에너지를 생산한다. 정수장 주변에는 대체로 높은 건물이 없어 일조권 확보가 용이해 태양광 발전에 유리하다. 2022년 현재 43개 정수장 중 16개소에 총 9MW 규모로 태양광 발전을 운영 중이며, 2030년까지 36MW 규모로 확대해 연간 탄소 2만 3,600톤을 저감할 예정이다.

정수장 유휴부지 활용 태양광 발전

다음으로 상수도 원수를 이용한 수열에너지 냉난방 시스템을 도입할 계획이다. 수열에너지는 연중 온도가 일정한 물이 대기 온도와 비교했을 때 여름철에는 차갑고 겨울철에는 따뜻한 원리를 활용한다. 이 열에너지를 빼내 실내 공기에 넣는 방식으로 냉난방에 활용하면 에너지 사용량을 줄일 수 있다. 현재 20개 정수장에 수열에너지 도입을 완료하였으며, 향후 7개 정수장을 대상으로 추가 도입할 계획이다.

물의 낙차를 이용하여 에너지를 생산하는 소수력 발전은 현재 5개 정수장에 1,300kW 규모로 운영 중이며, 향후 3개 정수장에 800kW 용량의 소수력 발전설비를 추가로 개발할 예정이다. 또한 정수장에서 노후화 또는 운영 효율이 저하된 전력설비, 수처리설비

물의 열에너지를 활용한 수열시스템

등을 효율이 높은 설비로 교체해 운영 에너지를 절감할 수 있다. 소수력 발전과 설비 효율화로 각각 연간 2,200톤과 2,700톤의 탄소 저감이 기대된다. 더불어 빅데이터와 AI 알고리즘을 기반으로 실시간으로 전력량을 분석하고 제어하여 에너지 사용을 최적화하는 스마트 에너지관리시스템(EMS, Energy Management System)을 2023년까지 전체 광역정수장을 대상으로 도입한다면 연간 탄소 1만 700톤을 추가로 저감할 수 있다.

위에서 서술한 에너지 신기술로 K-water는 이미 광역정수장 43개소 중 5개 정수장의 탄소중립 달성을 완료하였고, 2030년까지 모든 정수장을 대상으로 '탄소중립 정수장'을 실현할 계획이다. 이를 통해 연간 탄소 3만 8,900톤을 저감함으로써 소나무 600만 그루를 대체하는 효과가 기대된다. 또한 광역정수장 탄소중립의 성과와 기술 역량을 활용하여 정부가 추진 중인 지방상수도 탄소중립을 달성할 수 있도록 노력과 지원을 아끼지 않을 것이다.

K-water

물융합 사업 K-water 물융합 사업은 물이 가진 부가가치를 활용하여 국민들에게 다양한 물환경 서비스를 창출한다. 청정 물에너지를 생산하여 탄소배출을 줄이는 한편, 도시에 물이 가진 쾌적함은 더하고 위험성은 걷어 내어 환경생태 공간과 편의를 국민들에게 제공하고자 한다. 또한 물산업을 육성하고 물의 가치를 국내로 그리고 해외로 확산하는 활동도 포함한다. 이를 통해 국가 경제 활성화와 글로벌 물 문제 해결에 기여하는 것이 사업의 목표이다.

물융합-1

부산 에코델타시티 조성

박재환 · 최칠용

세계 4대 문명은 모두 큰 강 유역에서 발원했다. 인류 역사에서 수변공간은 풍요로운 생산의 환희와 빈번한 홍수로 인한 눈물과 허망함, 자연의 힘에 맞선 건설의 땀이 교차하는 곳이다. 현대에 이르러 수변공간은 다양한 도시문제를 해결할 수 있는 대안의 장소로 부상하고 있다. 수변공간이 가진 물리적·경제적·사회적 잠재력은 '문화의 시대'와 '공간의 시대'라는 새로운 패러다임을 담기에 최적의 조건이라 할 수 있다. 「친수구역 활용에 관한 특별법」 제정(2010년 12월) 이후, 물관리와 도시개발 분야 역량과 경험을 보유한 K-water는 진정한 의미의 '친수도시' 모델을 만들 적임자였다. 그리고 치열한 논의와 검토 끝에 세 개의 물결(서낙동강, 평강천, 맥도강)이 만나는 부산 에코델타시티(이하 부산EDC)를 자연과 인간이 공존할 수 있는 친수도시 최적 후보지로 낙점한다.

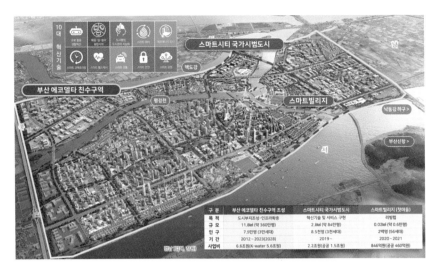

부산 에코델타시티 조감도 및 사업개요

부산EDC 일대는 낙동강 하류 천연기념물 제179호 철새 도래지로 소중한 생태자원을 보유했지만 잦은 홍수, 토양과 하천 오염 등 개발 난제도 많았다. 따라서 기존의 도시개발 개념을 적용하기에는 한계가 있었고 철새 보금자리와 인간 문명의 공존을 위해서는 더 많은 고민이 필요했다. K-water는 첨단 기술을 활용한 자연친화적 개발을 수변도시 조성의 목표로 설정하고 총사업비 6조 6,000억 원을 투입하는 부산EDC 사업을 본격적으로 추진하게 된다.

친환경 수변도시의 우버리스트(Uberist), K-water

해외에서 공유형 운송 플랫폼을 의미하는 단어인 우버(Uber). 우버는 원래 '뛰어난' 이란 뜻을 가진 형용사인데, 요즘은 여기에 사람을 뜻하는

'ist'를 붙여 어떤 분야에서 특출나게 뛰어난 사람을 일컬어 '우버리스트 (Uberist)'라고 부른다. K-water는 다양한 장벽(Hurdle)을 창의적으로 극복하는 '수변도시 우버리스트'로 그 소임을 다하고자 한다.

우선 K-water는 부산EDC에 철새 서식지 보호를 우선하는 생태 특화 전략을 택했다. 도시개발 이전에 이곳의 주인은 철새였다. 따라서 강변과 가까운 쪽은 철새가 쓰고 먼 곳은 인간이 거주하면서 사람과 자연은 일종의 공간 임대차 계약을 맺고 공존을 실험하게 된다. K-water는 이 공존과 공생을 유지하기 위해 맥도강 하구에 국내 최대 습지생태공원 (63만m²)을, 서낙동강변을 따라서는 광폭(100m)의 녹지를 조성하고 철새의 이동을 돕기 위해 서낙동강과 평강천 합류지에 먹이터(6.6만m²)를 만들었으며, 이동로 상의 건축물 높이를 저층으로 배치하는 계획을 수립했다.

수변도시라는 한계와 난제를 해결하기 위한 시도와 실험도 이어갔다. 기후변화에서 초래된 예측 불가능한 폭우와 폭염에 대응하고자 K-water는 300년 빈도의 내수 침수 분석 후 우수 처리계획을 마련하고 도시 자체의 부지를 높여 물재해의 위험을 방지했다. 이와 함께 현재 4급수 수준(BOD 6~8mg/L)인 평강천과 맥도강의 수질을 친수 활동이 가능한 2급수(BOD 3mg/L 이하)로 개선하기 위한 다양한 실증시험을 시행 중이다.

한편 예로부터 부산EDC와 같은 삼각주는 곡창지대로 인류에게 풍요를 선사했지만, 도시개발의 측면에서 보자면 지반 침하라는 치명적인 단점이 있는 지형이다. 특히 '낙동강 델타 지역'이라고 불리는 낙동강 하구는 국내 최대의 연약지반이다. 지반공학 학자들 사이에서도 이곳은 침하 예측이 어렵기로 악명이 높다. 이에 K-water는 독자적으로 연약지반 개량 분야 스마트 건설 신기술을 개발하여 부산EDC에 적용하고 특허 등록(2021.9)까지 마쳤다. 여기에 그치지 않고 K-water는 이 기술을 인근 항만공사에 무상으로 제공해 신기술 보급과 사회적 책임 이행의 공공기관 역할을 다하고 있다.

또한, 인구밀도를 낮추는 방식을 선택해 자연친화적 환경 조성과 교통 문제 해결이라는 두 마리 토끼도 잡을 계획이다. 도시의 인구 밀도가 높아지면 교통과 환경 문제는 필연적으로 따라오기 때문이다. 부산 EDC 사업 부지 면적은 약 11.7km², 인구는 3만 400세대 7만 6,000명, 인구 밀도는 64.5인/ha로 계획하고 있는데 제2기 신도시(123인/ha), 제3기 신도시(140인/ha)와 비교했을 때 매우 낮은 수준이다. 인구 밀도 를 낮추면 시민에게 쾌적한 환경을 제공할 수 있고 철새와의 공존도 가능 하다. 이와 동시에 친환경 교통수단인 노면전차 트램 도입으로 탄소 배출 저감과 광역교통 문제 해결도 기대할 수 있게 된다.

미래세대와 공존 '특이점', 4차 산업혁명 기술의 스마트시티

세계적인 미래학자 레이 커즈와일은 저서 〈특이점이 온다〉(2007) 에서 '기술이 획기적으로 발달하여 인간을 초월하는 순간'을 특이점 (Singularity)이라고 정의했다. 2016년 다보스포럼에서 제4차 산업혁명의 개념이 태동한 이후 스마트시티는 지속 가능한 발전의 실현 방안으로 각광받으며 도시의 '특이점'이 되고 있다. 정부는 국민 삶의 질 향상을 위한 미래도시 선도모델을 만들고 창의적 비즈니스 중심의 혁신산업 생태계를 조성하고자 '스마트시티 국가 시범도시' 사업을 추진하고 2018년 부산EDC를 사업 대상지로 지정했다. K-water는 '물로 특화된 스마트시티 조성'을 앞세우며 대한민국의 새로운 '특이점'을 만들고 있다.

부산EDC 스마트시티는 '자연, 사람, 기술이 만나 미래의 생활을 앞당기는 글로벌 혁신성장 도시'라는 철학 아래, 4차 산업혁명 기술 육성과 삶의 질 향상을 위한 3대 혁신(프로세스, 기술, 거버넌스), 로봇과 헬스케어, 스마트워터 등 시민의 삶에 가치를 더하는 10대 첨단 서비스를 제공하는 미래도시다. 도시에서 일어날 수 있는 여러 문제를 예방하고 최적의 해결 방안을 지원하고자 각종 스마트시티 플랫폼과 디지털 트윈을 활용해 도시의 정보를 실시간으로 수집하고 관리한다.

시민이 직접 도시에 적용할 서비스를 결정하고 피드백하며 서비스 수준을 지속적으로 높여나가는 '시민주도형 미래 리빙 랩(Living lab) 서비스'를 적용한 것도 큰 특징 중 하나다. 이 서비스는 스마트 기술을 적용한 리빙 랩인 스마트 빌리지(56세대)에서 가장 먼저 경험할 수 있다. 2021년 12월부터 스마트

스마트 빌리지 조감도

빌리지에 입주한 주민들은 이미 여러 생활 서비스를 검증한 뒤 피드백한다. 주민들의 검증이 완료된 기술은 향후 부산 EDC를 포함해 울산, 경남 등 인근 지역으로 확대 적용할 예정이다.

K-water는 '물로 특화된 스마트시티 모델'을 세계로 확산할 첫걸음을 부산EDC에서 떼었다. 사람, 자연 그리고 기술이 공존하는 우리나라 최초의 친환경 수변도시 부산EDC. K-water의 과거 55년 역량과 미래 100년 기술을 담아낼 부산EDC가 대한민국의 미래도시의 표본이 될 것임을 믿어 의심치 않는다.

K-water

강원 수열에너지 클러스터

김석철

1973년 10월 준공된 소양강댐 건설은 우리나라 경제 발전사에 큰 의미를 지닌다. 경부고속도로 건설 · 서울 지하철 1호선 개통과 함께 경제성장을 견인하기 위해 국가 차원에서 추진한 대형 인프라 구축 사업이라는 점, 국내 최대 규모로 연간 14억 톤의 용수를 공급하고 5억 톤의 홍수조절용량을 갖춰 서울과 수도권에 물을 안정적으로 공급할 수 있게 했다는 점, 연간 483Gwh의 전력을 생산함으로써 당시 1차 석유파동에서 촉발된 국가 전력난 극복에 크게 기여했다는 점 등 소양강댐은 준공이래 50년간 대한민국의 성장을 뚝심 있게 이끌어왔다. 이제 소양강댐은 강원도 수열에너지 융복합 클러스터를 통해 기후위기 시대의 새로운 대안으로 역할을 확장하고 있다.

수열에너지란 말 그대로 물의 열에너지를 냉 · 난방에 활용하는 것이다. 원리는 열전도. 뜨거운 커피를 저은 티스푼이 덩달아 따뜻해진 것과 같은 이치다.

소양강댐 심층수는 표면 20m 아래부턴 태양열의 영향을 받지 않아 한여름엔 차갑고 한겨울엔 따뜻하다. 이 물이 열교환기를 거치면 여름철엔 7℃의 물로 냉방을 하고 겨울철에는 12℃의 물로 난방을 할 수 있다.

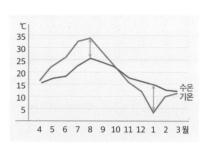

소양강댐 심층수 월별 평균수온

강원 수열에너지 클러스터가 조성되면 K-water가 춘천시에 공급하는 소양강댐의 맑은 물은 이곳을 지나간다. 이 물은 통합관제센터를 통해 클러스터 내 데이터센터, 스마트팜 및 특화단지에 에너지(열)만 공급하고 소양정수장으로 보내진다. 통합관리센터에서는 근무자가 24시간 전 과정을 원격 감시하면서 수열 클러스터 운영의 허브 역할을 수행한다.

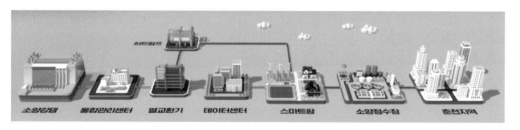

수열에너지 융복합클러스터 물-에너지 공급과정

물의 잠재력이 미래산업과 만나 4차 산업혁명 견인

AI(인공지능), IoT(사물인터넷) 등 4차 산업혁명 기술을 활용한 디지털 전환으로 우리 사회는 엄청난 양의 데이터를 생산하고 있다. 이 데이터는 산업 발전과 새로운 경제가치를 창출하며 '데이터 경제' 시대로 패러다임을 전환한다. 이에 따라 인터넷 망의 대규모 데이터를 저장하고 처리하는 서버 시설인 데이터 센터의 수요도 급증

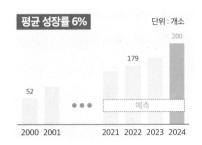

국내 데이터센터 수요전망
자료 : 한국 IT서비스 협회

하고 있는데 관련 통계에 따르면 2000년 이후 데이터 센터는 연평균 6%, 빅데이터 산업은 연평균 17%, 클라우드 산업은 연평균 24%의 높은 성장률을 기록하는 추세다. 데이터 센터는 365일 24시간 내내 작동하기에 어마어마한 양의 전기를 사용하고, 상당한 열을 내뿜는데 이 열을 식히려면 지금까지는 전기로 냉방하는 수밖에 없었다. 하지만 수열 클러스터에서는 소양강댐의 차가운 물이 그 역할을 대신한다. 엄청난 양의 전기를 먹는 데이터 센터가 이곳에서 탄소 배출 Zero의 친환경 녹색 인프라로 새롭게 태어나는 것이다.

소양강댐 청정 용수는 농업의 새로운 미래로 일컬어지는 스마트팜에도 활용된다. 스마트팜은 농업에 정보통신기술인 ICT를 접목해 만든 '지능화된 농장'이다. 작물 재배에 최적화된 온도, 습도, 일조량, 이산화탄소 등의 정보를 자동으로 제공하고 스마트폰으로 원격제어도 가능하다. 소양강댐 심층수(7℃)를 데이터센터 냉방에 활용하고, 승온된 심층수

(12℃)를 재이용하여 스마트팜 냉,난방에 활용한다. 스마트팜에서 에너지(열)만 공급한 물은 소양정수장에서 정수과정을 거쳐 춘천시민이 사용하는 수돗물로 공급된다. 소양강댐의 물을 그대로 수돗물로 만들면 너무 차가워서 한여름에도 가스보일러를 가동해야 한다. 하지만 수열에너지 공급 후 급수한다면 수온 상승에 따라 에너지 비용 절감 효과를 기대할 수 있다.

강원 수열에너지 클러스터 조감도

수열에너지 클러스터에는 새로운 물에너지 新 산업을 육성하는 물기업 특화단지가 들어선다. 이곳에서 플라스틱, 금속, 의료, 정밀, 광학기기 등 제조업 단지와 R&D, 교육, 성능인증 등 기술 개발 거점을 구축해 산업과 기술의 집적 효과를 높이고 지역경제 활성화 동력을 창출하는 게 목표다. K-water가 강원도에 국내 최초로 만드는 수열에너지 융복합 클러스터가 물-에너지-도시 그리고 ESG가 결합한 새로운 기후탄력 환경도시의 표준으로 자리 잡기를 기대한다.

K-water

물융합-3

김포 친환경 도시재생사업

김기철

우리나라의 경제 성장기 국토개발은 체계적이고 균형 있는 이용보다는 성과 극대화를 위한 효율성에 중점을 두고 이뤄졌다. 최근 전통적인 제조업이 쇠퇴하고 과학기술과 지식 중심의 새로운 산업구조가 형성되면서 기존 공업지역은 그 역할을 담당할 수 없게 됐다. 기계와 인력이 이

KBS 제보자들

탈한 공간에는 낡은 구조물과 오염물질만 남게 된다. 이렇게, 산업화 시기에 형성됐지만 쇠퇴한 지역에 대한 체계적인 관리 필요성이 제기되면서 '브라운필드(Brownfield)'라는 용어가 영국에서 가장 먼저 등장했다. 이후, 지속 가능 성장의 중요성과 심각한 기후변화에 따른 도시의 환경문제가 새로운 어젠다로 떠오르며 브라운필드에 대한 관심은 더욱 커졌다.

우리나라 실정은 어떨까. 1990년대 준 농림지역에서의 행위 제한이 완화된 이후 대도시 인근 주거지역에는 중소·영세공장이 난립하게 된다. 특히 경기도 지역은 수도권정비계획법 규제에 따라 체계적으로 계획된 산업단지의 비율이 낮다. 경기도뿐만 아니라 공장과 주거가 혼재된 난개발로 몸살을 앓는 지역은 전국에 산재해 있고, 이런 난개발은 상하수도와 도로 등 사회 기반 시설 부족 현상을 초래하고 토양·대기를 오염시켜 지역 공동체와의 갈등과 민원을 유발하고 있다. 오염이 심한 곳은 지역주민의 건강까지 위협받는 지경에 이른다. 주민 건강 영향조사가 필요한 지역은 전국 100여 곳에 달하며, 실제 일부 주민들은 호흡기, 순환기 등의 건강 피해를 정부로부터 인정받고 구제급여를 지원받는 실정이다.

패러다임의 변화, 환경오염 낙인 지역의 대전환을 위한 첫걸음

환경부는 2017년부터 김포 거물대리, 서천 (구) 장항제련소와 대구 안심 연료 단지 인근 주민들을 대상으로 환경오염피해 구제에 나섰다. 하

거물대리 공장난립 전경

지만 피해 인정자들을 대상으로 한 의료비 지급 중심의 지엽적인 구제책은 한계가 있었다. 공장은 계속 돌아가고 기반시설 등 생활 여건은 나아지지 않았으며 대기·지하수는 계속해서 오염될 것이기 때문이다. 특히 김포 거물대리 지역은 2012년 이후 기형 개구리, 악취, 암 공포 등 환경오염을 소재로 한 언론 기사가 1,000회 이상 보도되며 '오염 도시'라는 불명예스러운 낙인이 찍힌 곳이다.

김포시는 주민 생활불편을 해소하고 근본적으로 문제를 해결하기 위해 2019년 해당 지역의 경제자유구역 지정을 추진하였으나 불발되고 말았다. 이에 환경부는 2020년 5월, 환경오염 피해 구제정책 위원회 의결을 통해 김포 거물대리 오염지역에 대한 토양 정밀조사 및 개선 사업 추진을 결정했다. 그리고 물-에너지-환경 분야 전문성을 갖추고 4,000억 원 규모를 先투자해 시화지구 환경 개선을 이뤄내는 등 친환경 도시 사업 성공 경험이 있는 K-water에 김포 거물대리 마을 환경 개선 사업 참여를 제안하게 된다. 규제 일변도의 환경 정책에서 벗어나, 지역 단위 국토환경성 회복을 위해 보다 적극적으로 개입하는, 환경 정책 패러다임의 일대 변화가 시작된 것이다.

오염을 걷어내고 K-water ESG의 새로운 가치를 새기다

우리나라의 도시화율, 즉 전체 인구 대비 도시계획 지역에 거주하는 인구의 비율은 2021년 기준 81.4%로 세계 평균 56.6%보다 월등히 높다. 높은 도시화율로 인해 사람들이 도시에 요구하는 사항은 곧 시대의 경향이자, 도시구조 변화의 방향과 지향점이 된다. 오늘날 사람들은 도시가 범죄와 각종 재해, 사고로부터 좀 더 안전한 공간이길 기대하고, 첨단 기술과 디지털화로 도시 속 생활 편의가 확장되기를 바라며, 더 쾌적한 환경, 높은 수준의 교육, 양질의 문화 서비스를 도시 안에서 누리고 싶어 한다.

K-water는 거물대리 마을 주민들의 문제를 해결하고 시대가 바라는 도시상(像)을 구현하기 위해 물과 에너지, 도시 사업의 노하우와 역량을 활용한 김포 친환경 도시재생사업을 추진한다. 이 사업을 통해 공장 난립이 낳은 오염을 정화하고, 체계적 입지 관리가 이루어지는 산업단지를 조성하며 쾌적한 생활 여건을 갖춘 주거지역 형성 등 다양한 기능이 융복합 된 지속 가능한 공간을 창출해 새로운 도시 트렌드를 제시하고자 한다. 이를 위해 도시에서 소비되는 에너지를 최적화하는 물질순환

(Metabolism) 체제를 기반으로 신·재생에너지, 그린 인프라, 녹색교통, 저탄소 산업이라는 4가지 물리적 요소를 도입한 환경 융복합 도시를 계획하고 있다.

하지만 사업지역 내 수많은 공장과 토지에 대한 보상, 오염 정화, 탄소중립 요소 기술을 적용한 기반 시설 조성, 도시 성숙까지는 최소 15년 이상의 오랜 기간이 소요되고 천문학적인 사업비가 투자되어야 하기에 이 사업은 안고 가야 할 리스크도 상당하다. K-water는 다양한 부동산 금융 기법 도입을 검토해 재원 구조를 다변

선순환 사업구조(안)

화하고 이를 통해 리스크 헷지(Risk Hedge, 투자 위험성 대비책) 방안을 마련하고자 한다. 또한, 정부와 함께 관련 법령 및 제도를 정비하고 전국의 난개발 오염지역을 대상으로 사업을 확장해 K-water만의 특화 ESG 경영을 실천할 것이다.

K-water

물융합-4

화성국제테마파크
본계약 체결

김재오

초대형 테마파크는 관광산업의 꽃이라 일컬어진다. 경제적 파급 효과도 크고 청년들이 선호하는 양질의 일자리도 많이 창출할 수 있다. 세계 각국에서는 앞다투어 글로벌 테마파크 유치에 뛰어든다. 우리나라 역대 정부와 각 지자체에게도 글로벌 테마파크 조성은 커다란 숙원사업 중 하나다. K-water도 그랬다. 과거 화성지역에 테마파크를 조성하고자 했던 노력은 두 차례 사업 무산이란 쓰라린 실패를 경험했다. 특정 운영사 유치 집중, 개발사업자의 역량과 전문성 미흡 등 이유는 다양했으나 가장 큰 원인은 테마파크 자체의 '사업성'이 문제였다. 과다하면서도 회수 기간은 긴 초기 투자비 투입, 관광산업의 불확실성 등의 문제를 보완한 뒤 테마파크의 지속가능성을 확보하는 방안이 절실했다. K-water는 화성국제테마파크 도입을 다시 추진하며 구상 단계부터 정부부처, 지자체, 학계, 전문가가 모인 협의체를 구성했다. 각 기관이 역량을 모아 수요분석, 관련 용역수행, 공모지침 작성 등 모든 과정에 머리를 맞댔고, 마침내 '관광 레저와 공동주택 복합개발을 통한 자생적 테마파크 조성 방안'을 마련해 사업자 공모에 착수했다.

사전 참가의향서는 총 10개사(社)가 제출하였으나 최종적으로는 신세계 프라퍼티 컨소시엄만이 사업자 공모에 참여했다. 평가 위원회의 공정한 평가를 거친 결과, '세상에 없던 테마파크' 조성을 목표로 하는 신세계 프라퍼티 컨소시엄이 우선협상대상자로 선정됐다. 이마트, 백화점, 스타필드 등 우리나라를 대표하는 유통 대기업 신세계의 사업 대상자 선정 소식에 세간의 이목이 쏠리고, 이번만큼은 다르다는 기대감도 커졌다. 이전과 다른 결과를 얻기 위해선 관련 기관의 협력이 꼭 필요했다. 테마파크 사업은 각종 인·허가를 수반할 뿐만 아니라 수많은 이해관계자가 얽힌 대규모 개발사업이기 때문이다. 그 결과 2019년 11월, 기획재정부를 중심으로 본격 사업 추진을 위한 사업자의 투자 의지와 공공 지원을 공식화하는 '국제테마파크 비전 선포식'을 거행했다. 행사에는 당시 기획재정부 장관, 신세계 부회장, 경기도지사와 국가 기관 및 기업, 주민 대표 200여 명이 참석하여 사업에 강력한 추진체를 달았다.

화성국제테마파크 비전 선포식

사업성·형평성·가치에 대한 치열한 협의, 사업의 중요 이정표를 세우다

신세계프라퍼티 컨소시엄과 사업 협약을 체결하며 순조롭게 진행되는 것처럼 보이던 사업은 본계약 협상에서 여러 차례 난관에 부딪힌다. 코로나19 확산에 따른 글로벌 관광산업 위축이 가장 큰 위기였다. 실제로 2020년 국내 관광객 수가 30년 전으로 회귀했다. 상황이 날로 심각해지자

화성국제테마파크 사업협약 체결식

사업자 측의 결정 유보 움직임이 포착됐다. 그도 그럴 것이 대규모 집객을 전제로 하는 테마파크 산업은 코로나19의 타격을 크게 받는 분야다. 이에, K-water는 코로나19 통제 이후 관광시장 회복 속도가 유례없이 빠를 것으로 예측하는 전문 분석 자료를 마련하고, 폭발적으로 증가할 관광 수요에 대응하는 선제적 인프라 구축 필요성을 제시하는 등 적극적인 설득에 나서며 개발사업자를 다시 협상 테이블로 불러들일 수 있었다. 하지만 이후에도 상황은 녹록지 않았다. 계약서 문구뿐만 아니라 단어 하나를 협의하는 데에도 엄청난 시간과 노력이 소요됐다. 단순 토지 공급계약이 아닌, 테마파크 품질 확보를 위한 많은 조건과 제약사항을 계약서에 담아내야 했기 때문이다. 사업자 측은 창사 이래 최대 규모 투자를 결정하는 계약이기에, 가능한 모든 사업 리스크를 제거하려 했고, K-water는 공기업으로서 사회적 형평성과 가치를 우선시할 수밖에 없는 처지였다. 실무협상만 20여 차례 열리는 등 끈질긴 논의와 팽팽한 줄다리기가 이어졌다. 그리고 '글로벌 대표 테마파크 조성'이라는 궁극적

목표에 뜻을 함께하고 있음을 확인한 K-water와 사업자 측은 마침내 상호 Win-Win하는 전략적 합의를 도출할 수 있었다.

테마파크 사업에는 미래 트렌드 예측, 경제적 분석, 인구학, 건축, 설계, 디자인 등 광범위한 분야의 전문적 지식이 종합적으로 동원된다. 아울러 단순 로열티를 지불하고 IP(Intellectual Property, 지식 재산)를 빌려오는 사용권 형태가 아니라, 글로벌 테마파크 운영사가 직접 기획과 설계에 참여하여 세계 어디에 내놔도 손색없는 테마파크를 조성해야 한다. K-water와 경기도, 화성시, 신세계 화성 등 화성국제테마파크 설립 주요 주체 4개 기관은 이 같은 조건을 충족하고자 지금도 실무협상 테이블에서 머리를 맞대고 논의를 이어가고 있다. K-water는 화성국제테마파크 사업이 성공적으로 마무리될 수 있도록 지원하고, 인접 기반 시설 공사도 차질 없이 진행할 것이다. 이를 통해 화성 국제테마파크가 진짜 '세상에 없던 테마파크'로 우뚝 서서 대한민국 관광서비스 산업의 신기원을 이룰 세계적 관광명소로 자리매김할 것을 기대한다.

화성국제테마파크 조감도

K-water

청정 물에너지 확산과 글로벌 RE100 참여

오봉근·김광렬·최홍열

물은 인류 역사에서 가축과 더불어 가장 중요한 에너지원(源)이었다. 물의 위치에너지를 농기구의 운동에너지로 변환하는 물레방아는 생산성 향상에 크게 기여하였고 18세기 산업혁명을 촉발한 증기기관도 물에너지 기술의 발전에서 비롯한 작품이다. 비록 물보다 효율이 높은 화석 연료와 원자력에너지가 개발·보급되면서 활용도가 다소 낮아지기는 했지만 물은 최근 기후위기로 탄소와 미세먼지를 배출하지 않는 최고의 청정 에너지원으로 다시 그 가치를 주목받고 있다.

전 세계적인 에너지 위기가 심상치 않다. 러시아-우크라이나 전쟁의 직접적인 영향을 받는 유럽에서는 에너지 요금 상승으로 장작용 땔감이 불티나게 팔리고 있다. 자영업자들은 가게를 폐업하고, 각 가정과 기관에서는 냉난방을 엄격히 제한한다. 에너지 공급망이 불안해지고 세계 각국의 에너지 확보 경쟁이 격화되면서 에너지는 단순한 수출입 물품이 아니라 국가의 안전보장과 직결되는 품목이 되었다. 군사 안보, 경제 안보처럼 '에너지 안보'가 부각되면서 친환경 전환을 통한 에너지 자립이 더욱 중요해졌다.

탄소중립의 핵심 Key, 물에너지 확산

국내 신재생에너지 1위 기업 K-water는 국내 최초 '물분야 2050 탄소중립 로드맵'을 수립하고 청정 물에너지 확산에 박차를 가하고 있다. 탄소중립을 향한 에너지 전환의 핵심은 수상태양광과 수열에너지다.

수상태양광은 댐 수면에 재생(태양) 에너지와 해양기술(조선+계류)이 결합 된 융·복합 시설을 설치하여 재생에너지를 생산한다. 댐의 고유 기능인 담수 역할은 그대로 유지하고 산림훼손도 없을뿐더러 물의 냉각 효과로 인해 육상태양광에 비해 효율성이 5% 높다. K-water는 지난 2011년 세계 최초로 수상태양광 상용화에 성공하였으며 2022년 현재 총 5개소에 49.6MW 규모의 수상태양광을 운영 중이다. 2021년부터 상업 발전을 시작한 합천댐 수상태양광은 친환경 에너지 보급을 넘어 발전

수상태양광 개념

수익 공유, 일자리 주민 제공, 경관디자인 적용 등 지역 상생 新 사업 모델을 개발, 환경성과 수용성을 모두 높이는 대표적인 ESG경영사례로 주목받고 있다. 이를 바탕으로 K-water는 국내 최초 신재생에너지 집적화 단지 1호 사업인 임하댐 수상태양광 등 2022년 총 389MW의 사업을 추진 중이며 2030년까지 1GW 규모 이상의 수상태양광을 개발할 예정이다.

수열에너지는 여름철에는 대기보다 낮고 겨울철에는 높은 수온의 특성을 활용해 물을 열원으로 냉난방 하는 시스템이다. 기존 냉난방 방식 대비 에너지를 약 30% 줄이고, 온실가스 배출량도 약 30~40% 절감한다.

냉각탑(실외기) 제거로 도심의 열섬현상을 완화할 수 있고 옥상 공간의 활용도를 높이는 효과도 있다. 수열에너지는 신재생에너지 기술 선진국인 북미, 유럽, 일본 등에서 1960년

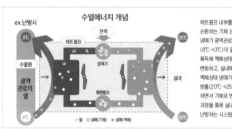

수열에너지 개념

부터 대규모 에너지가 필요한 건물에 적용되기 시작했고 우리나라는 2006년 주암댐 발전소 건물을 필두로 K-water 사업장 29개소에 1,370RT(1RT(냉동톤)는 0℃ 물 1톤을 24시간 동안 0℃의 얼음으로 만드는데 필요한 열량으로 원룸(28m², 8평) 에어컨 1대를 1시간 동안 가동할 수 있는 에너지 양) 규모의 수열에너지를 도입했다. 2014년 서울 롯데월드타워가 민간에서는 처음으로 3,000RT 규모 수열 냉난방 시스템을 구축했다. 수열에너지 확산을 위해 K-water는 ▲신재생에너지 범위에

수열 반영 ▲하천수 사용료 감면 ▲물이용부담금 면제 ▲제로에너지 건축물 (ZEB)인증제도 내 수열에너지 반영 등 관련 제도를 개선해 수열에너지 활성화 기반 마련에 힘써왔다. 앞으로 국책사업 및 도시개발 계획, 민간 보급 등으로 2050년까지 2GW의 수열에너지를 보급할 계획이다.

공기업 최초 글로벌 RE100 참여

RE100은 '재생에너지(Renewable Electricity) 100%'의 약자다. 2050년 까지 각 기업이 사용하는 모든 전력 을 풍력·태양광 등 재생에너지로 충당하겠다는 목표의 국제 캠페인 이다. 영국의 비영리단체인 기후 그룹(TCG, The Climate Group)과

RE100 참여기업

국제단체인 탄소정보공개프로젝트(CDP, Carbon Disclosure Project) 가 협력하여 2014년 뉴욕 기후 주간(Climate Week NYC, 2014)에서 처음 제시하였으며, 외부 강제성 없이 글로벌 기업의 자발적인 에너지 전환 참여로 진행되는 캠페인이라는 점에서 큰 의미가 있다. 연간 전기 사용량이 100GWh 이상인 전력 다소비 기업 중 2023년 1월 기준 구글, 애플, 제너럴모터스(GM), 이케아 등 全 세계 397개 기업이 RE100에 참여하고 있다. 우리나라는 2020년 SK그룹을 시작으로 네이버, 삼성전자 등 27개 기업이 자발적으로 참여 중인데, K-water는 글로벌 수도사업자 최초, 국내 공기업 최초로 2021년 4월, RE100에 가입했다.

RE100 이행 수단은 신·재생에너지 공급 인증서(REC, Renewable Energy Certificate) 구매, 녹색요금제, 전력 직접구매(PPA, Power Purchase Agreement), 재생에너지 직접 생산 및 지분 참여 등 다양하다.

K-water는 광역정수장 탄소 중립과 친환경 물에너지 생산, 재생에너지 활용 등으로 2050년 RE100 달성을 목표로 하고 있지만 사실 쉬운 여건은 아니다. K-water는 연간 1.5TWh의 전력을 쓰는데 그중 97%는 전국의 산업현장과 가정으로 수돗물을 공급

K-water RE100 가입

하는 취수장과 가압장에서 소비하고 있기 때문이다. RE100 달성 측면으로 봤을 땐 현재 RE0.3 수준으로 재생에너지 사용 비율도 매우 미미하다. 하지만 정부가 2022년 6월 K-water 다목적댐 대(大) 수력의 REC(신재생에너지 공급 인증) 발급 및 RE100 활용을 승인하면서 RE100 조기 달성의 기반을 갖추게 되었다. 물의 무궁무진한 가치를 생각하면 친환경 물에너지 활용은 이제 막 몸풀기를 마친 정도다. 기후위기 극복의 절박함과 물관리를 책임지는 국민 공기업의 사명감, 신재생에너지 1위 기업의 자신감으로 수상태양광과 수열 신재생에너지 쌍두마차를 채찍질해 2050 대한민국 탄소중립 실현을 향해 힘차게 나아갈 것이다.

물융합-6

물산업 생태계 육성

한완섭

경제학에서는 재화를 크게 두 가지로 나눈다. 하나는 자원의 유한성으로 대가를 지급해야 얻을 수 있는 '경제재'와 다른 하나는 무한 공급으로 비용 지불 없이 얻을 수 있는 '자유재'다. 과거 경제학 교과서에는 햇볕, 공기와 함께 물을 자유재의 대표적 사례로 들었다. 하지만 환경오염과 기후 변화로 인해 물 이용에 다양한 제약이 발생하고 이에 따라 물 공급 기술과 서비스가 발전하여 물산업이 고도화된 현대 사회에서 물을 자유재로 분류하는 것이 적정한지는 의문이다.

지난 2018년 통합 물관리 사업 시작과 함께 2020년 3월 「물관리기술 발전 및 물산업 진흥에 관한 법률」을 시행하면서 우리나라는 환경부 주도의 국가 물산업 육성을 위한 법적 · 제도적 기반을 갖추게 된다. K-water는 2017년부터 물산업 관련 중소 · 벤처기업을 체계적으로 육성하기 위한 전담 조직을 운영하며 창업부터 해외 진출까지 기업 성장

기업 발굴	기업 육성		글로벌 혁신기업 성장
벤처창업	혁신기술	판로확대	해외수출
• 협력 스타트업 육성 • 사내벤처 분사창업 지원 • 정부사업 수주 · 연계	• 테스트베드 제공 • 기술개발제품 시범구매 • 우수 및 신기술 인정	• 성과공유제 • 구매조건부 개발 • 구매상담회	• 해외사업 연계 동반진출 • 해외현지화 시범사업 • 정부지원사업 연계

전 주기에 걸친 맞춤형 지원을 제공하고 있다. 그리고 물관리 기술력과 노하우를 민간과 공유하여 물산업 경쟁력을 강화하고 이를 기반으로 국가 新 성장동력 확보와 글로벌 물시장 선점을 노린다.

구체적으로 ▲물분야 중소 벤처기업에 테스트베드를 제공하는 등 기술검증과 컨설팅 포함 기술 개발 지원 프로세스를 운영하고 ▲해외 시범사업 동반 진출과 비즈니스 상담회 개최 등 차별화된 수출전략을 세워 중소기업의 해외 판로를 적극적으로 함께 개척한다. 이런 방식으로 K-water는 중소 · 벤처기업 930개사를 육성 · 지원하여 2021년 기준 약 3,000억 원의 매출과 약 2,600개의 일자리를 창출하고 121개 인프라 를 테스트베드로 제공하는 성과를 거두었다. 대외적으로 그 성과를 인정 받아 2020년 공기업 최초로 '자상한 기업(자발적 상생 협력 기업)'에 선정되고 2021년 11월 동반성장 유공 중소기업 벤처부 장관 표창, 12월 에는 국내 최대 벤처캐피털 행사 'Korea Venture Awards' 공로상을 연이어 수상한다.

국가 K-테스트베드 운영기관으로 선정

K-water는 2021년 7월, 국가 차원의 'K-테스트베드' 프로젝트 총괄 운영 기관으로 최초 선정됐다. 배경은 무엇일까. 우선 정부의 최근 주요 정책 방향은 '소 · 부 · 장(소재, 부품, 장비) 기술 개발 및 벤처 창업 활성화를 통한 민간 중심의 신산업 육성'이다. 이에 따라 공공기관이 민간 신기술 제품을 실증하는 시설을 제공하고 성능 확인서 발급, 해외 판로 개척 등을 지원하는 국가 차원의 'K-테스트베드' 프로젝트를 추진하는데, K-water에 국가 혁신정책과 차세대 성장 동력 확보를 견인하는 주도적 역할을 맡긴 것.

K-water는 2021년까지 총 143건의 테스트베드를 제공하고 실증부터 판로지원까지 원스톱(one-stop)으로 지원하는 물산업플랫폼시스템을 구축한 바 있다. 2021년까지 930개 社가 이 물산업플랫폼시스템의 지원을 받았다. 여기에 그치지 않고 K-water는 물산업 테스트베드 운영 역량을 바탕으로 모든 산업 분야의 실증 지원 통합 플랫폼인 K-테스트베드 공식 누리집을 2022년 9월 론칭하였다.

한편 K-water는 지난 2020년 중소벤처기업부와 3,000억 원 규모의 정책 펀드를 조성하기로 했다. 창업기업의 성장과 물산업 생태계 마중물을 붓는다는 취지였으나 2021년, 기존 물산업 육성뿐만 아니라 인구감소와 산업 쇠퇴로 어려움을 겪는 지역의 경제 회복 지원에도 힘을 보태고자 지자체와 민간의 투자 자금을 추가로 확보, 펀드 규모를 확대하기로 했다. 이에 따라 중소벤처기업부, 충청·동남권지역 지자체와 공동으로 2,500억 원 규모의 지역혁신 벤처펀드(물산업 펀드)를 추진해 물산업 및 지역 혁신 기업에 투자하고 지역 균형 발전과 창업 생태계를 활성화하는 계기를 만들었다.

권역(규모)	조성규모	출자자	투자대상	물산업 프로젝트	
충청권	1,300억 원	K-water, 중기부, 대전·세종·충청	물산업 60% 지 역 20%	대전	디지털 워터
				세종	스마트시티
				충청	디지털 소재
동남권	1,200억 원	K-water, 중기부, 울산, 경남		부산	SWC
				울산	그린수소
				경남	RE100 산단

앞으로 K-water는 1,2호 벤처펀드 성과를 바탕으로 대구·광주·제주 지역에도 지원을 확대하고 2025년까지 총 4,600억 원 규모의 지역 발전 및 물산업 육성 펀드를 확대 조성할 계획이다. 이렇게 확보한 재원은 지역(물산업) 유망 스타트업 516곳에 지원한다. 이를 통해 1,806개의 일자리를 창출하고 기업가치는 4.9조 원 상승할 것으로 전망하고 있다.

K-water

경영 혁신 K-water의 기능 혁신은 물안심, 물나눔, 물융합사업을 지원하는 강하고 유연한 경영 체계를 확립하는 데 중점을 둔다. 재무 건전성을 강화하고 미래 기술의 R&D 역량을 높이며 효율적인 조직·인력 운용으로 지속적인 혁신 동력을 창출하고자 한다. 또한 디지털 기술을 활용하여 일하는 방식을 개선하고 청렴과 안전을 최우선하는 역동적인 기업문화를 형성하는 것도 중요하다. 이를 통해 공공성과 효율성을 조화시켜 지속 가능한 성장을 도모하고 인류 공영에 기여하는 글로벌 기업으로 도약하는 것이 주요 목표이다.

경영 혁신-1

정부경영평가 고득점 달성

심기동

매년 6월 말이 되면 30만 공공기관 직원들은 촉각을 곤두세운다. 기획 재정부의 공공기관 경영평가결과 발표 때문이다. 공공기관 경영평가 는 전년도 130여 개 공공기관별 경영 실적을 평가한 뒤 등급을 부여하고

경영평가 결과 발표

그에 따라 직원들의 성과급을 차등하는 제도로 1984년부터 시행해 현재에 이르고 있다. 특히 평가 결과가 부진한 기관에는 기관장 해임 건의는 물론 경영개선 계획 제출과 같은 후속 조치가 수반되므로 그 결과에 온 공공기관 직원들의 눈과 귀가 쏠릴 수밖에 없다.

공공기관 경영평가 절대강자 K-water

K-water는 공기업 1군이지만 그 규모는 크지 않다. 하지만 경영평가에서는 전통의 절대강자로 통한다. 직원 수는 공기업 1군 평가 기관인 한전, 철도공사 등의 약 1/4, 사업 예산은 LH, 도로공사의 약 1/10 수준이며 대국민 인지도도 인천공항 등과 비교했을 때 다소 낮은 수준이나 경영평가에서는 지난 15년간 최상위권을 유지하고 있다. 특히 2020년과 2021년에는 자연재해와 코로나19 팬데믹이라는 통제 불가능한 대외 경영환경 때문에 매우 어려운 여건에 놓였으나 A등급 달성과 더불어 공기업 1군 중 2년 연속 1위라는 전무후무한 기록을 달성했다.

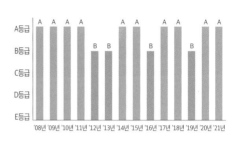

2008년 이후 K-water 경영평가 결과

K-water가 계속해서 우수한 평가 성적을 거둬온 요인은 무엇일까? 다양한 요소들이 있지만 대표적인 이유만 들어보자면 경영환경 변화에 전략적이고 민첩하게 대응해 혁신 성과를 지속적으로 창출했기 때문일 것이다. 특히 지난 2018년에는 '개발 → 관리' 패러다임 전환에 발맞추어 40년간 해묵은 난제였던 국가 물관리 일원화를 이끌었다. 기후위기 대응을 위해 AI와 디지털 트윈 기술을 기반으로

Digital Twin 물관리 플랫폼

물관리 과학화라는 성과를 이뤄내고, 저탄소 사업구조로 전환함과 동시에 공공기관 최초로 RE100에 가입해 국내 유일의 물관리 전문 공기업이라는 입지를 다졌다. 2,500억 원 규모의 펀드를 조성해 국내 물산업을 지원하고 혁신 물관리 기술을 활용해 스마트시티를 건설하는 등 세계 최고 물종합 플랫폼 기업이라는 미션에 차근차근 다가가고 있다.

두 번째 요인은 실패나 장애요인을 극복하여 더 큰 성과(Best Practice)나 기회로 만들어가는 저력이다. 과거 K-water는 대규모 국책사업을 수행하느라 재무 건전성이 크게 훼손된 적이 있다. 그 당시 부채비율이 10배나 급증해 200%를 상회하는 등 매우 어려운 여건에 놓였었다. 재무구조를 개선하기 위해 정부와 함께 합리적인 부채 분담 방안을 마련하고 원가 절감과 사업성 제고 등 강도 높은 자구 노력의 결과 K-water는 부채비율을 지속적으로 줄여나가고 결국 2021년 1조 1,000억 원의 결손을 모두 해소한다. '위기=기회'라는 상투적인 낙관론에 기대지 않고 위기의 본질을 정확히 인식하고 헤쳐 나가는 힘과 의지가 경영평가 고득점의 DNA가 된 것이다.

마지막으로는 경영평가를 대하는 임직원들의 하나 된 마음가짐이다. 우수한 경영평가 결과는 금전적인 보상뿐만 아니라 회사에 대한 직원들의 자긍심을 고취하고 신명나는 일터를 만든다. 또한 국민들에게 '일 잘하는 국가대표 공기업'이라는 인식을 심어줌으로써 국민의 기관 신뢰도를 크게 높인다. '우수한 경험은 바람직한 문화가 된다'는 걸 터득한 K-water 직원 모두는 매년 경영평가에서 최선을 다하고 있다.

2022년에는 새 정부의 공공기관 운영 방향에 따라 경영평가 제도가 대폭 개편됐다. 사회적 가치 관련 평가 지표가 축소되고 공공기관의 효율성 및 재무성과에 대한 평가가 강화됐다. 이에 따라 기관별 혁신 계획은 별도의 가점 지표로 평가하고, 재무관리와 관련한 5개의 계량지표가 신설됐다. K-water도 비핵심 사업 조정, 정원·예산 감축 등 국민이 공감할 만한 수준의 혁신 계획을 수립하여 추진 중이다. 특히 그간의 선제적인 재무관리 노력이 본격적인 성과 창출로 이어지고 국민 물복지와 경제 활성화를 위한 지속적인 사업 혁신 노력도 이제 결실을 볼 것으로 보인다. K-water 직원들은 단순히 '시험 잘치는 모범생'이 아니라 국민들 속에서 국민이 체감할 수 있는 성과를 만들어 내고 당당하게 국민들에게 평가받는 행복한 축제로 경영평가에 임하고자 한다.

K-water

경영 혁신-2   # 역대 최고 재무성과 창출

정영달

정부는 2022년 6월 '재무위험기관 집중관리제'를 도입하여 사업 수익성이 악화되거나 재무구조가 전반적으로 취약한 14개 기관을 재무위험기관으로 지정했다. 또한 공공기관의 생산성 및 효율성 제고를 위해 2022년 7월 '공공기관 혁신 가이드라인'을 발표하는 등 공공기관을 대상으로 강도 높은 혁신을 추진하고 있다.

기업의 재무 상태는 그간의 경영 성과를 보여줌과 동시에 기관의 지속 가능한 성장 가능성과 미래 경쟁력을 가늠하는 지표라고 할 수 있다. 그러나

> 적자늪 공공기관, 또 혈세로 메꾸나
> 공기업 15곳 올 6.7조 적자
> 공기업 부채 3년새 33조 4000억 증가
> 국책사업에 짓눌린 공기업 2년뒤 부채 600조 돌파

수익성이 낮은 공공사업과 정부 정책 수행에 따른 부채 급증으로 공공기관의 재무 상태는 악화되고, 이는 국민 부담 가중으로 이어져 '공공기관의 방만경영'이라는 부정적 평가를 피하기 어려운 상황이다.

2008년까지만 하더라도 K-water의 재무구조는 이러한 부정적 평가에서 비교적 자유로웠다. 당시 K-water의 부채비율은 19.6%로 공공기관 전체 평균 부채비율인 133.1%의 1/7 수준에 불과하였으며, 이러한 재무 여건은 깨끗한 물을 확보·공급하고 산업단지를 조성하는 등 국가 경제 발전과 국민 생활 개선에 기여할 수 있는 원동력이 되었다. 하지만 2009년부터 22조 원 규모의 4대강 사업과 2.7조 원 규모의 경인 아라뱃길 사업이라는 대형 국책사업을 수행하면서 K-water의 건실한 재무구조는 위기에 빠지게 된다. 특히 당시 정부는 4대강 사업을 추진하면서 회수 가능성을 고려하지 않은 채 '사업 준공 시점에 정부 지원방안을 구체화한다'는 것만을 전제로 8조 원 규모의 사업비를 K-water가 부담하게 했다. K-water는 사채를 발행해 우선 자금을 조달하는 방식으로 4대강 사업을 추진하는 수밖에 없었다. 4대강 사업 마무리 시점인 2015년 국가정책조정회의에서는 K-water가 부담한 4대강 사업비 8조 원 중 원금의 30%인 2.4조 원과 금융비용 전액을 정부가 분담한다는 결정이 내려졌다. 원금의 70%인 5.6조 원은 여전히 K-water의 몫이었다. 4대강 사업비 분담 방안 확정에 따라 2015년 말 국제회계기준(K-IFRS) 제1036호에 근거해 4대강 사업으로 인한 자산 회수 가능액을 측정했을 때 회수가 불가능한 6.4조 원은 K-water의 손실로 돌아왔다. K-water는 공사 창립 이래 쌓아온 법정적립금을 4.9조 원을 차감하고도 1.1조 원 규모의 결손을 떠안았다. 때문에 2015년 부채비율은 2008년 대비 10배 이상 증가한 211.4%가 되었으며, 정부에서는 재무구조 악화를 이유

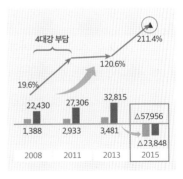

4대강 전·후 K-water 부채비율 추이

로 K-water를 재무 위험관리기관으로 지정하기에 이르렀다. 공사 창립 이래 최대의 재무위기는 공사 경영활동에 커다란 부담으로 다가왔다.

경영정상화의 물꼬를 트고 사상 최대 재무성과 창출

K-water는 결손금을 해소하고 재무구조 정상화를 위해 다양한 노력을 경주한다. 우선 재무활동 전반에 걸쳐 이행해야 할 원칙과 방향을 규정한 재무관리 준칙을 공기업 최초로 제정했다. 그 준칙은 지금도 유효하다. 사업별 구분회계제도를 도입하여 정착시키는 등 재무건전성을 강화하고 경영체질을 개선하기 위해 힘을 쏟았다. 아울러 재무성과를 제고하기 위해 물, 에너지, 도시 등 사업 全 부문에서 도전적인 매출 목표를 수립하는 한편 금리, 환율 등 급격하게 변화하는 경영환경에 대비한 다양한 시나리오를 마련하고 모니터링을 강화했을 뿐 아니라, 정교한 자금 관리로 금융비용을 절감했다.

그러나 눈앞의 성과만을 생각하며 허리띠를 졸라매기만 한 것은 아니다. 가뭄과 홍수 등 기후변화에 국민의 안전과 재산을 보호하고 국민에게 깨끗한 물을 안전하게 공급하기 위한 시설 안정성 강화, 친환경 스마트 도시 조성, 물에너지 사업 등 K-water의 미래 성장을 이끌 사업에 대한 투자는 꾸준히 확대했다.

K-water의 경영정상화를 위한 전 임직원의 노력 끝에 성장성, 안정성, 수익성을 나타내는 매출액, 부채비율, 당기순이익 등 재무 관련 지표가

꾸준히 개선됐다. 구체적으로 2021년에는 매출액 4조 원을 달성하고, 당기순이익 3,421억 원을 창출하였으며, 2015년 말 211.4%까지 치솟았던 부채비율을 2021년 말 기준 137%까지 74.4%p 개선하는 등 역대 최고의 재무성과를 달성했다. 이러한 재무건전성 개선 노력의 결과로 기관 독자신용등급은 투기등급인 'Ba1'에서 투자적격 등급인 'Baa3'로 올라갔다. 아직 부족하고 미흡한 점이 많지만 K-water는 위기 이후 한층 강해진 재무역량을 바탕으로 앞으로 물재해 대응, 탄소중립, ESG경영 등을 선도적으로 이행하고 국민의 공기업으로 그 역할을 보다 확대해 나갈 것이다.

K-water

경영 혁신-3

코로나19 극복 지원

배수정

언제부터인가 우리 모두에게 일상이 되어버린 마스크 착용과 손 씻기.
2019년 말 중국에서 시작됐을 때만 해도 '이름 모를 괴질환'이었던
코로나19는 이제 그 단어를 모르는 국민이 없을 정도로 우리 삶의
일부가 되었다. 발생 초기만 해도 사스, 신종플루, 메르스 등 다른 유사한
전염병처럼 단기간 유행하다 강도가 약해지거나 특정 지역에만 영향을
미칠 것으로 예상되었지만 확산과 진정을 끝없이 반복하면서 全 세계에
타격을 입혔다. 사회적 거리두기는 완화됐지만 코로나19의 기세는
여전히 맹렬하다. K-water는 깨끗한 물을 차질 없이 공급해 코로나19
시대 국민의 건강과 위생을 책임지고 여기에서 나아가 코로나19로
직접적인 손해를 입은 취약계층 지원과 지역 경제 활성화를 위한 다양한
활동을 전개하고 있다.

국민과 함께 코로나19를 극복해 온 K-water

K-water는 우선 코로나19 이후 경제적 어려움이 심각해진 취약계층의 일상 회복을 지원했다. 가장 먼저 한 일은 수돗물 요금 인상을 억제한 것이다. 그리고 K-water에서 공급하는 댐 용수와 광역상수도를 직접 공급받는 전국 137개 지자체, 중소기업과 영세 업체 등 소규모 사업장 1,100여 곳의 물값 42억 원(2021년 기준)을 감면했다. 모두가 어렵지만 물은 국가 경제의 필수재이자, 국민 삶에 직접적인 영향을 미친다는 점에서 물의 공공가치를 경제 논리보다 우선시 한 결정이었다. 또한 K-water가 관리 중인 시설의 휴게소 · 매점 · 사옥의 임대료를 감면하고 특히 실질적인 매출 감소가 있는 경우 최대 50%까지 감면율을 추가하는 등 중소기업과 서민의 고통을 분담하고 지역 경제가 활기를 되찾을 수 있도록 도왔다.

국가적 위기를 극복하기 위해 방역과 치료 최일선에서 고군분투하는 의료진에도 힘을 보탰다. 코로나19 거점병원과 선별 진료소에 K-water가 직접 생산하는 친환경 병입 수돗물 140만 병을 전달하고 군부대 코로나19 대응을 총괄하는 국군의무사령부에는 매달 병물 1만 병과 무릎담요, 에코백을 제공했다. 아무리 더워도 방역복을 벗을 수 없는 의료진 등 시민의 편의를 도모하기 위해 선별 진료소에 쿨페이브먼트 (아스팔트로 포장된 도로에 태양광을 반사하는 페인트를 칠해 도로의 표면 온도를 낮추는 것) 설치를 지원했다. 지역주민과 고객에게는 마스크와 손 세정제 등 방역 구호물품을 지급하고 감염 확산 방지를 위해 마을 회관, 경로당과 같은 공용 시설을 소독했다. 2021년 12월에는 온라인

CEO 방역물품 전달

기부 플랫폼을 활용해 코로나19 극복 캠페인과 맞춤형 취약계층 지원 등 비대면 온택트 흐름에 맞춰 지원 방식도 다각화했으며, 직접 수도 검침에 동행한 CEO가 고객에게 방역물품을 전달하고 코로나19 예방수칙을 안내하는 등 코로나19 예방과 극복을 위한 모범 기관으로써 역할을 다하고자 했다.

일상회복 지원과 함께 되살아나는 지역사회

2022년 4월 사회적 거리두기 해제에 발맞춰 K-water는 '맞춤형 사회공헌 활동'으로 국민 일상 회복을 돕고 있다. 우선 코로나19 장기화와 저출생 고령화로 활력을 잃고 인구감소 위기를 겪는 댐 주변 지역 주민을 대상으로 'K-water와 함께 모두가 행복한 지역사회' 사업을 실시했다. 온·오프라인 장터를 운영하며 K-water 사업장이 위치한 지역의 농가에서 생산한 농산물의 판로를 지원했고, 본사에 '물벗 나눔장터'를 개설해 지역 농산물을 직접 구매한 후 취약계층에 전달하는 소외계층 나눔 활동도 실천했다. 또한 농번기에 일손이 부족한 농가에 CEO 등 임직원이 직접 내려가 함께 인삼, 사과 꽃 속기 등을 하며 힘을 보탰다. 이 외에도 어민 생계 지원을 위한 종패 방류 지원 행사 개최, 전통시장 활성화를 위한 전통시장 방문의 날 지정, 화훼농가 지원을 위한 전사적 화훼 구매 캠페인, 지역 문화 예술 활성화를 위한 지역 예술품 임대 전시 등 소비 급감으로 어려움을 겪은 다양한 계층과 업종을 대상으로 맞춤형 소비

진작 활동을 실시했다.

이와 같은 전사적 활동이 가능했던 배경에는 2004년 7월 창단한 임직원 사회공헌 동아리 '물사랑나눔단'이 있었다. K-water 물사랑나눔단은 사내 임직원들이 자발적으로 참여한 조직으로 매달 급여에서 자율적으로 성금을 기부해 전국 곳곳 다양한 나눔 활동에 활용한다. 직원뿐만 아닌 기업 차원에서도 '물이 여는 미래, 물로 나누는 행복'이라는 경영미션을 실천하기 위해 물 가치를 특화한 사회공헌 활동을 이어오고 있다. 취약계층의 물사용 시설을 고쳐주는 '행복가득水' 프로젝트, 저소득층 교육 지원을 위한 'K-water 장학회', 독거노인 및 재난지역 세탁서비스를 지원하는 이동식 차량 '사랑샘터' 등은 수혜주민의 호응과 만족도가 높은 K-water의 대표 상생 프로그램이다. 코로나19, 호우, 가뭄 등 기후위기는 앞으로도 국민의 일상을 위협할 것이다. K-water는 다양한 사회공헌활동을 통해 사회적 가치 창출에 앞장서고 국민의 든든한 벗으로 항상 곁에 있을 것임을 약속한다.

농촌 일손돕기 봉사

물벗 나눔장터

행복가득水 프로젝트

사랑샘터 세탁차량

K-water

청렴윤리경영 확립

장 철

우리나라 국가청렴도가 OECD 평균 수준으로 향상되면 실질 GDP가 증가할 것이라는 다수의 연구 결과가 있다. 윤리경영은 규범적 또는 도덕적 차원의 기업 경영 원칙이 아니라 국가와 기업의 경쟁력 강화를 위한 필수 요소이다. K-water는 1967년 설립 이후 부패행위에 대한 사후 감사 측면에서 자체 감사조직을 운영함으로써 내부통제를 시작하였으며, 2000년 이후부터는 본격적으로 윤리경영 체계를 확립했다. 2000년 윤리 헌장 및 윤리강령을 제정하고, 2004년에는 윤리경영을 선포하며 각종 청렴 시책과 윤리경영에 관한 제반 사항을 총괄하는 청렴윤리 위원회를 설치하였다. 하지만 조직에 윤리경영을 뿌리내리는 건 제도 마련만으로는 불가능한 일이다. 그래서 2005년부터 모든 직원을 대상으로 윤리 교육을 시작하고, 2006년에는 신입사원과 승진자 교육 필수과정에 윤리 교육을 포함했으며 임원과 부서장 등 고위직 대상 계층별 전문교육도 순차적으로 도입해 직원들의 청렴 인식을 높여왔다.

윤리경영 체계 구축은 건전한 기업을 목표로 사회적 책임을 다하는 지속 가능경영 방식의 하나로 강조됐다. 이에 따라 K-water는 윤리적 사업 수행, 경영 투명성 및 신뢰성 제고를 위해 건설·계약·인사·재무 등 업무 전반의 제도 개선에 힘썼다. 부패 발생 위험이 큰 건설공사 분야에 청렴 이행 시스템을 최초로 구축해 총공사비 500억 원 이상 공사 시 청렴 이행 계획서 제출을 의무화하는 한편, '건설 분야 상생 협력 시범사업' 을 통해 발주자·원수급자·하수급자 간 상생협의체를 구성하여 건의 사항을 수렴하고 업무에 반영했다.

2006년 9월 29일에는 노사 공동 '클린 K-water 선언'을 통해 강력한 부패 척결 의지를 대내·외 공표하고 '전 직원 청렴 서약'을 실시했다. 그해 12월에는 임원이 직무수행 관련 청렴의무를 위반했을 때 성과급을 제한 하는 내용의 '임원 직무청렴계약제 운영규정'을 제정, CEO를 비롯한 감사, 상임 이사가 최초로 청렴계약을 체결하기도 했다. 이러한 다양한 노력의 결실로 K-water는 2006년도 공공기관 청렴도 측정에서 9.08점, 이듬해인 2007년에는 9.21점을 얻으며 연이어 최고 점수를 기록했다.

No.1 청렴윤리 기업을 향하여

2000년대 후반에 들어서는 직무상 뇌물수수, 부정청탁, 횡령과 같은 전통적 부패를 배제하는 기존의 개념에 사익추구, 갑질, 부당한 업무지시, 고객만족, 적극행정 등 공정과 포용의 가치가 포함되며 청렴의 의미가 확장됐다. 이에 맞춰 2008년부터 정부의 공공기관 청렴도 평가 대상도 외부고객뿐만 아니라 내부 직원으로까지 확대된다. 하지만 상급자에 의한 부당한 업무지시와 예산집행 사례가 끊이지 않는 등 청렴 가치가 여전히 건강한 조직문화로 뿌리내리지 못하면서 K-water의 청렴도 점수는 공공기관 중 하위권을 맴돈다. 외부청렴도도 금품·향응·편의 제공과 같은 부패행위는 현격히 감소했지만 근절되지는 않았고 건설공사와 토지보상 업무에서도 고객들의 적극 행정 요구에 부응하지 못하면서 낮은 등급(4~5등급)을 반복하는 형편이었다.

퀀텀점프 이후 K-water는 고객과 직원 눈높이에 맞는 청렴윤리 기업으로 도약하기 위한 다양한 혁신 활동을 펼친다. 먼저 최근 기업의 비재무적 책임을 강조하는 ESG경영의 중요성이 커지고 윤리경영이 ESG가치의 핵심

구분	2018년	2019년	2020년
종합청렴도	7.96 4등급	7.59 4등급	8.37 4등급
외부청렴도	8.23 4등급	7.70 5등급	8.72 4등급
내부청렴도	7.67 4등급	8.01 3등급	7.41 4등급
감점 (외부적발 부패사건)	0.35	0.45	0.16

원리라는 측면에서 2021년 구성된 ESG경영위원회의 심의·자문을 통해 K-water 윤리경영 계획과 실행의 전문성·완성도를 보완하는 방향으로 윤리경영 체계를 보다 고도화하게 된다. 또한 全 직원의 공감과 실천을 뒷받침할 수 있도록 청렴교육 이수 실적, 소통 노력을 내부 평가에 반영하고 특히 상위직의 솔선수범을 위한 청렴도 평가를 지속 실시하는 등 구성원 청렴의식 향상을 위해 노력했다.

공공부문 청렴문화 확산에도 힘썼다. 국민권익위에서 공기업 윤리경영

강화를 위해 도입한 윤리준법경영 프로그램(K-CP) 운영 시범 기관으로 참여하여 부패 리스크를 사전 통제하는 제도 정착에 기여하고 공기업 청렴사회협의회 의장사로서 기관 간 청렴 소통을 보다 확대했다. 특히 2022년 7월에는 국가

청렴윤리 사무를 총괄하는 국민권익 위원장을 직접 공사로 초청, 모든 직원을 대상으로 청렴 리더십 교육을 실시하며 K-water의 청렴윤리 실천 의지를 대내 · 외에 알리고 의식을 제고했다. 그 밖에 1부서 1청렴활동, 부당한 업무지시 및 갑질 사례집 제작, 청렴 웹툰, 청렴문화제 등을 통해 건강한 조직문화를 만들어 왔다.

K-water 외부청렴도는 2019년을 변곡점으로 반등하여 2021년에는 9.04점, 2등급을 달성하기에 이른다. 건설 현장 능동 감찰, 하도급사 면담 등 고객과 소통을 강화하고, 업무 담당자들에 대한 맞춤형 특별 교육과 제도 개선을 실시한 결과다. 반면 내부청렴도는 아직 개선 변화가 더딘데 이는 K-water 조직 구성원의 다양한 스펙트럼과 세대 간 갈등에서 기인한다고 볼 수 있다. 내부청렴도 향상의 해답 역시 공감에 기반하여 소통을 보다 강화하는 것에 있다. 이에 2022년에는 직원 500여 명을 직군 · 직렬 · 직급이 유사한 소그룹으로 편성하여 외부 소통전문가 주도로 진솔한 이야기를 나누는 포커스 그룹 인터뷰를 장기 프로젝트로 기획하여 진행한 바 있다. 진정성 있는 소통과 상호 이해 노력은 K-water 청렴도 향상의 소중한 밑거름이 될 것이다.

K-water

경영 혁신-5 스마트 안전경영시스템 도입

김형석

우리나라의 주요 안전정책의 역사를 살펴보면 주목할 만한 특징이 있다. 바로 굵직굵직한 대형 사건이나 사고를 계기로 안전 관련 법령이 제·개정되거나 소방청과 같은 새로운 기관이 설립되는 등 많은 변화가 일어났다는 점이다. 1986년도 독립기념관 신축공사 화재를 계기로 건설기술진흥법이, 1994년도 성수대교 붕괴 직후에는 시설물안전법이 제정되었고 국토안전관리원의 전신인 시설안전공단이 탄생했다. 2003년 대구 지하철 참사는 재난안전기본법 제정과 소방방재청 설립으로 이어졌으며, 2018년도 서부발전 사고는 산업안전보건법 전면 개정, 공공기관 안전관리 대책, 중대재해처벌법 제정 등 최근 정부가 주도해 추진하는 강력한 안전정책의 시발점이 됐다. 중요한 지점이 하나 더 있다. 최근 우리 사회 안전 패러다임은 건설과 구조물 안전 중심에서 근로자와 국민의 생명 보호와 재난예방에 중점을 두는 것으로 변화하고 있다는 것이다.

全 세계에서 일어난 산업화와 도시화는 기후위기를 낳았다. 이로 인해 집중호우와 가뭄의 강도가 점점 세지고 재현 주기는 짧아지는 등 국민 안전이 위협받는 상황이다. 1970~1980년대 경제개발기 집중 건설된 국가 중요시설물은 준공 후 오랜 시간이 경과한 탓에 노후화하고 시설물 관리 취약성 또한 날로 커지고 있다. 국민의 생명과 재산을 보호하기 위해 보다 과학적이고, 고도화된 안전 관리가 필요한 이유다.

정부는 2019년부터 안전분야에 공공기관의 적극적인 역할과 책무 이행을 강조하고 있다. 공공기관 안전대책 강화 조치는 지난 2018년 서부발전 김용균 씨 사망사고, 강릉 KTX 탈선, 열송수관 폭발 등 3건의 대형 사고가 계기였다. 이 조치의 후속대책으로 정부는 공공기관의 예산, 감독, 발주청 지위 등 권한을 활용해 보다 선도적으로 안전 책무를 이행 하도록 하였다. 2019년 3월 '공공기관 작업장 안전강화 대책'과 '공공 기관의 안전관리에 관한 지침'이 마련됐으며, 2020년에는 공공기관 안전등급제가 공식 도입되고 2022년에는 중대재해처벌법이 시행됐다.

안전관리의 새로운 진화, '스마트 안전관리' 시스템 구축

K-water는 사실 안전관리 여건이 어려운 대표적 공공기관 중 하나다. 전국에 댐, 정수장 등 사업장만 130여 개에 달하고, 1,500여 개의 건설 현장이 산재해 있으며, 시설물 노후화로 개량·유지보수 공사를 시행 하는 10억 원 미만 소규모 건설도 연간 1,000여 건이 넘는다. 특히 물을 다루는 사업 특성상 수심이 깊은 대형 댐 수중공사, 상수도관 설치를 위

한 지하굴착, 밀폐공간 등 다수의 유해위험 공종이 상존한다. 이러한 환경 속에서 사람이 일일이 안전을 체크하고 관리하는 데는 한계가 있다. 실제 K-water는 댐, 정수장 등 모든 사업장에 위험관리구역을 설정하고 유해위험요인을 시각화하여 근로자가 직관적으로 위험을 인지하도록 유도해왔으나, 현장 근로자의 판단에만 의존할 경우 인적 오류에 의한 사고 가능성을 배제할 수 없다.

이에 따라 K-water는 AI, IoT, 드론 등 4차 산업혁명 기술을 안전관리에 활용하는 '스마트 안전경영체계'을 도입한다. 2022년에는 작업자의 인적 오류까지 차단할 수 있도록 3차원 위험지도와 스마트 센서가 접목된 형태의 '스마트 위험관리시스템'을 구축했다. IoT 안전모, 환경센서, 스마트 태그, 지능형 CCTV, 방송관제시스템을 통해 댐과 정수장 등 K-water가 운영관리하는 사업장에 출입·작업하는 모든 근로자들에게 위험정보를 제공하고 사고가 발생하더라도 긴급조치가 가능한 체계를 만들어 둔 것이다.

정부는 건설현장 재해를 예방하고자 300억 원 이상 건설공사에 스마트 안전장비 도입을 의무화했다. 하지만 K-water는 자체적으로 기준을 강화해 스마트 안전장비 도입 의무 대상을 50억 원 이상 공사로 확대했고, 50억 원 미만의 소규모 건설 공사에 대해서도 직접 스마트 안전장비를 구입한 뒤 지원해 모든 건설 현장에서 '휴먼에러'로 인한 안전 사각지대가 발생하지 않도록 관리하고 있다.

한발 더 나아가 500억 원 이상 규모의 건설공사에는 현장 위험 요소 실시간 모니터링 및 스마트 안전장비 통합관리가 가능하도록 실시간 통합관제 시스템인 '건설안전센터' 도입을 의무화했다. 센터에는 원격 수중로봇(ROV), 드론 점검, 작업자 위치Tag, CCTV 모니터링 등을 적용해 실시간 안전관리를 가능케 했다. 또한 근로자들의 안전의식 내재화를 통해 스마트 안전경영시스템이 성공적으로 안착하도록 Safety Bag 및 안전근무복 지급, 자격증 지원, 우수근로자 포상 등 건설근로자 자율 주도형(Positve) 안전문화 확산에도 주력하고 있다. 그 결과 시범사업장인 운문댐 건설안전센터는 2022년 고용노동부 주관 안전보건활동 우수 사례 발표대회에서 최우수상을 수상하는 등 호평을 받고 있어 앞으로 건설현장에서 그 성과 확산이 기대된다.

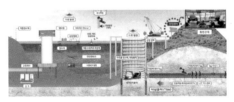

운문댐 건설안전센터

K-water

디지털 워크플레이스 조성

강용식

K-water는 일하는 방식의 근본적 혁신과 미래형 업무환경 제공을 위해 디지털 워크플레이스를 추진하고 있다. 디지털 워크플레이스는 '비즈니스 디지털화'와 '디지털 전환(DX)'을 양축으로 삼고 사람, 공간, 기술에 부합하는 종합적 디지털 업무환경 혁신을 목표로 한다.

협업(Collaboration)은 업무 생산성을 높이는 중요한 수단이다. 마이크로소프트의 '팀즈(Teams)', 구글의 '워크스페이스(Work Space)', 슬랙(Slack) 테크놀로지의 '슬랙'은 대표적인 협업 도구다. K-water는 사용자에게 친숙한 카카오톡과 밴드를 융합한 협업플랫폼 'TeamPL'을 구축했다. 'TeamPL'은 부서원 간 또는 업무 단위로 다양한 협업 조직을 구성하고 직원들이 자유롭게 대화방을 개설해 수시로 업무 소통을 수행한다. 이 과정에서 생산·공유된 문서는 클라우드 서버 공간에 저장되어 언제든지 열람할 수 있는데, 업무 단위별 체계적인 자료 관리로 지식

웹사이트(WEB)　　　　　PC TeamPL 톡　　　　　모바일 TeamPL 톡

대화형 협업 도구 'TeamPL'

자산화가 가능해진다는 장점이 있다. 특히, 'TeamPL'은 모바일 서비스
도 제공해 외부 출장과 비대면 재택근무 시에도 아무 제약 없이 협업에
참여할 수 있다.

소통(Communication)은 집단 지성의 발현, 조직 시너지 창출, 신뢰와
믿음의 문화를 형성하는 바탕이 된다. K-water는 열린 소통을 지향하며
다양한 대내 · 외 온라인 소통 채널을 구축해 운영하고 있다. 먼저
대외적으로는 국민 소통채널 '단비톡톡'이 있다. 단비톡톡에서 국민이
아이디어를 제안하면 내부 검토와 토론을 거쳐 K-water 사업 반영
여부를 결정한다. 특히 신규 제안 검토 전에 제안자의 과거 제안과
유사도를 머신러닝(Maching Learning)으로 분석한 뒤 그 결과를 제공
하고 성별 · 연령 · 접속기기 등 전체 이용현황을 집계해 채널 활성화에도
활용하고 있다. 내부직원들의 다양한 의견을 수렴하고 경영방침에
반영하는 채널도 있다. 쌍방향 소통플랫폼 '톡톡水렴'이다. 톡톡水렴에
서는 직원들의 목소리가 자유롭게 표출되는데 특히 청원으로 성립되면
제도 개선 등 후속 조치를 적극적으로 이행한다. 소통 중심 긍정적
조직문화 형성에 큰 역할을 하는 시스템이다.

디지털 뉴노멀 시대에선 양보다 질을 우선시하는 방향으로 업무 패러다임도 바뀐다. 지능정보 기술을 활용하여 업무의 창의성(Creativity)과 생산성(Productivity)을 높이는 게 중요해졌다. K-water는 사내 공모를 통해 단순 · 반복 · 규칙적인 업무를 발굴했다. 그리고 RPA(Robotic Process Automation) 기술을 활용해 AI 기반 로봇이 해당 업무를 대신 수행하여 일하는 방식을 혁신하고 있다. 2019년부터 매년 개선 분야를 선정해 현재 국세 및 지방세, 합숙소 관리비, 통신비 납부 등 총 26개 단위 업무에 RPA를 적용하고 있으며 이를 통해 연간 6,347시간을 줄였다. 앞으로 2025년까지 연간 10,000시간 절감을 목표로 RPA을 활용한 업무 개선과제를 계속 발굴 · 적용할 계획이다.

RPA를 이용한 국세·지방세 납부 프로세스 개선

또한 단순하고 반복적인 사용자 문의 사항에 보다 능동적이고 효율적으로 대응하기 위해 챗봇을 사내 업무에 적용했다. 회계, 세무, 구매, 계약 등 재무 분야 131개 업무와 요금, 검침 등 23개 지방상수도 업무 문의에 이제 챗봇이 다양한 서비스를 제공한다. 챗봇 서비스의 업무 효율성 개선 효과가 확인된 만큼 앞으로 교육, 보상 등 타 업무에도 서비스 제공을 확대할 예정이다.

챗봇 민원상담

데이터는 21세기 원유로 불린다. 디지털 시대 우리 일상생활에 꼭 필요한 요소이자, 산업 활성화와 부가가치 창출의 원천이기 때문이다. K-water는 데이터 관리 포털과 데이터 활용 플랫폼을 구축, 데이터 기반 업무 환경(Data Infrastructure)을 제공한다. 데이터 관리 포털을 통해 전사 모든 데이터에 대한 접근성을 높이고 오류 검증 등 신뢰성 높은 데이터 확보가 가능해졌다. 데이터 활용 플랫폼은 이렇게 축적된 데이터를 개인의 가상 공간으로 가져와 시각화하고 AI 기반 분석 서비스 개발 환경을 제공한다. 또한 다양한 데이터 자원을 전사에 공유하여 활용성을 높이고 전문가들에게는 클라우드 기반 분석 환경을 제공하여 PC 접근 제약을 해소할 수 있다.

디지털 워크플레이스는 업무 생산성 향상뿐만 아니라 직원 동기부여와 일터 만족도도 높여준다. K-water는 앞으로도 디지털 기술을 활용한 일하는 방식 혁신을 통해 업무환경 디지털 전환을 완성해나갈 것이다.

4

기후위기 극복과
지속가능한 성장을 위한
미래 어젠다

왜 10대 어젠다인가?

미래는 예측하는 것이 아니라 만들어 나가는 것이다. 미래는 어떻게 준비하느냐에 따라 필요한 길을 내어줄 것이다. 어쩌면 미래의 길을 과거의 발자국에서 찾을 수 있을지도 모른다. 그래서 K-water가 걸어온 55년의 역사를 되돌아봤다. 그리고 다시 100년 역사를 향해 나아가는 이 시점에서 '우리가 직면한 물 문제는 이전과 다르다'는 결론을 내렸고 우리나라 물관리에 필요한 과제는 무엇일지 고민했다. 기후위기가 우리의 삶을 시시각각 위협하고 글로벌 경제 시장에서는 RE100, 탄소국경세 등 기후변화와 관련한 정책이 경쟁 수단으로까지 부상하고 있다. 기후위기 대응은 국가적 의제가 되지 않을 수 없는 상황이다. 지구 환경과 관련된 물관리 확장성을 충분히 반영해 기후위기 시대, 물관리 해법을 다각도로 모색해야 한다.

물을 둘러싼 인간의 활동과 사회적 관계는 몹시 복잡하기에 그리고 자연 자원이란 의미를 넘어 인간의 모든 활동과 연관되기에, K-water는 우리나라 물관리 발전의 인문사회적·과학기술적 측면을 모두 조망하고 물산업과 물관리 관련 미래를 관통할 핵심 질문과 그에 대한 해법을 10가지 어젠다로 설정했다. K-water의 10대 어젠다는 '① 물-에너지-도시 넥서스(Nexus) ② ESG경영 ③ 5 Star 미래성장사업 ④ 디지털 전환 ⑤ 물산업 생태계 육성 ⑥ 글로벌 리더십 ⑦ R&D ⑧ 인재 육성 ⑨ 협력 거버넌스 ⑩ 조직문화'로 물에서 시작해 디지털 전환을 거쳐 사람과 사회로 이어진다. 하지만 10개의 어젠다는 K-water만의 역량으로 완수할 수 없다. 정부, 지자체, 전문기관, 기업, 학계, 연구기관 등이 협업체계를 갖추고 함께 추진해야 한다. 새로운 출발선에 선 마음가짐으로 K-water가 생각하는 10대 어젠다를 제시한다.

K-water

기후위기 시대 새로운 해법과 성장의
무한한 가능성을 만드는

물-에너지-도시 넥서스

이신제

지구촌 곳곳이 이상기후로 몸살을 앓고 있다. 홍수(Flooding), 가뭄
(Drought), 폭염(Heat wave), 산불(Wildfire) 등이 이전에는 경험하지
못한 수준으로 빈번하게 발생하고 있다. 기후변화에 대한 논쟁, 불필요
하다. 이미 기후위기 시대가 시작됐다는 것은 부정할 수 없는 사실이기
때문이다.

세계기상기구(WMO)는 2021년 기준 지구 평균 온도가 산업화 이전
(1850년~1900년)보다 $1.11 \pm 0.13°C$ 상승했다고 분석했다. 지구 해수면은
2013년부터 2021년까지 매년 평균 4.5mm씩 높아져 해마다 그 기록을
경신하고 있다. 기후변화에 관한 정부 간 협의체 IPCC는 지난 2021년 8월
기후위기 대응 마지노선인 '지구 평균온도 1.5도 상승'이 20년 이내에
도래할 것으로 전망하면서 물재해의 심각성을 강조한 바 있다. 최근 몇
년간 전 세계에서 빈발하는 이상기후 현상이 이러한 분석과 예측을 뒷

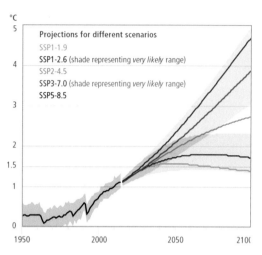

Global surface temperature change Increase relative to the period 1850~1900
Climate change 2022 Impacts, Adaptation and Vunerability, IPCC

받침하고 있다. 지구상 어느 곳도 이상기후로부터 안전한 곳은 없다.

우리나라가 속한 아시아 지역은 특히 기후변화에 가장 취약한 곳으로
알려져있다. 자연환경, 인구증가, 도시화, 경제성장률 등에 비추어 봤
을 때 기후변화에 민감한 영향을 받았다. 때문에 아시아는 글로벌 기후
위기 대응의 전략적 요충지로 세계의 이목을 집중시키고 있다. 특히
남아시아 지역은 열대우림, 산악빙하, 해안 저지대 등 기후변화 리스크
대부분이 물과 연관된다는 특징이 있다. 아시아개발은행(ADB)의 보고
에 따르면 2010년대 아시아지역의 홍수 발생 횟수는 1970년대와 비교
했을 때 303회에서 1,541회로 급증했다. 가뭄은 85회에서 152회로
역시 큰폭으로 늘어났다. 다국적 컨설팅 전문회사 맥킨지 앤 컴퍼니
(McKinsey & Company)에서는 기후변화 영향으로 2050년까지 아시아

는 4조 달러에 달하는 GDP 손실을 볼 것이란 전망을 내놨다.

우리나라는 어떤가. 결코 기후위기로부터 안전하다고 볼 수 없다. 이미 2022년 여름, 대한민국 수도 서울, 그 중심 지역인 강남이 큰비에 속수무책으로 침수되는 모습을 실시간으로 목도했다. 그런데 여름이 지나자 언제 그런 비가 왔냐는 듯 심각한 가뭄이 닥쳤다. 이로 인해 전남 일부 지역에선 물이 부족해 제한급수라는 극단적인 선택을 놓고 고민할 정도다. 앞서 2020년에는 홍수로 하천이 범람해 천문학적인 피해를 일으켰다. 지난 몇 년간 기후위기라는 괴물은 시시때때로 모양과 모습을 바꾸며 우리를 찾아왔다. 2022년의 재난이 잊혀질 즈음 또 다른 재난이 폭우, 폭설, 가뭄, 혹한, 혹서 등의 모습으로 도래할 것이다.

K-water는 최근 몇 년 동안 기후위기라는 이름의 재난과 재해를 경험하며 값비싼 교훈을 얻었다. 기후위기 시대를 살아갈 수밖에 없다면 '만에 하나'에 대비하는 자세를 늘 갖춰야 한다는 것이다.

그동안 기후변화 대응은 크게 '적응'과 '완화' 두 가지 방향으로 논의가 진행돼왔다. 우선 적응은 기후변화의 위협으로부터 인간 생활의 안전을 지키는 노력이 해당된다. 홍수 방어와 가뭄 예방이 대표적이다. 그러나 '적응'만으론 부족하다. 온실가스를 줄이지 않으면 기후재앙은 점점 더 심해져 적응조차 어려운 상황까지 이르게 될 것이다. 그래서 '적응'과 더불어 온실가스 감축을 골자로 하는 '완화' 활동이 병행되어야 한다. 이를 위해 현재의 에너지 시스템을 온실가스가 나오지 않는 새로운 에너지원으로 전환해야 한다. 세계 각국이 수력, 태양광, 풍력, 조력 등 신재생에너지 개발에 앞다투어 뛰어드는 이유다.

기후위기와 물관리 문제, 물-에너지-도시 함께 해결해야

기후변화 현상의 기본에는 '물'이 있다. 물의 순환과정에서 기후변화가 가속되기도, 완화되기도 한다. 또한 태양광, 풍력, 조력, 수열 등 신재생에너지의 원천은 자연과 물이다. 에너지는 기후변화의 주범이면서 기후변화의 영향을 받기도 한다. 과거의 도시가 자연재해로부터 안전한 지역에서 형성되고 발전했다면 오늘날의 도시는 인구 집중화와 에너지 등 자원을 대규모로 소비하며 도리어 기후위기의 진앙지가 되고있다. 물-에너지-도시는 상호 맞물려 작용한다. 어느 한 분야의 노력만으론 복합적인 기후위기에 대응할 수 없다. 물과 에너지, 도시 간 돌고 도는 기후변화 영향 요인을 정확히 파악하고 그에 따른 해법을 제시해야 한다. 그렇다 보니 지금 정도의 대응 수준으로 기후위기를 극복할 수 있을지 회의적인 시각도 있다. 기술 혁신을 동반한 근본적 대책을 요구하는 목소리도 점점 더 커지는 상황이다. K-water는 지금의 상황을 '종합적 접근'이 필요한 시기라고 판단하고 있다. 그리고 기후변화의 핵심적 3요인 간 연계적 접근이 필요하다고 보고 '물-에너지-도시 넥서스(Nexus)'를 제안한다.

이 어젠다는 이미 국제사회에서 논의 중인 '물-에너지-식량 넥서스(WEF Nexus)'를 통해 그 의미를 이해할 수 있다. 물-에너지-식량 넥서스는 환경문제를 논의할 때 사용해온 개념이다. 지속 가능한 자원 확보를 위한 물-에너지-식량 간의 상호 연계 지향적 접근방식을 일컫는데, 2011년 이후 글로벌 트렌드 중 하나로 부상했다. Bonn 2011 Nexus Conference에서 녹색경제를 위한 방안으로 처음 제시됐고, 이후 유엔 유럽경제위원회(UNECE), 식량농업기구(FAO), 아시아태평양 경제사회위원회(UNESCAP) 등 국제기구와 2011 세계경제포럼(WEF) 등 국제회의에서 글로벌 어젠다로 거론됐다. 또한 2012년에 미국 국가 정보위는 2030년 글로벌 4대 메가트렌드로, 2015년에 EU는 '2020년 연구혁신 프로그램'에 WEF Nexus를 포함했으며, 중국은 2015년 WEF Nexus 로드맵을 수립하기도 했다. 이렇듯 지속가능성의 관점에서 자원 간의 연계적 접근은 중요하다. 이를 기후위기 대응 이슈에 적용한 것이 물-에너지-도시 Nexus다. 즉, 물, 에너지, 도시 간의 상호 연계성이 높은 오늘날 상황에서 필요한 솔루션을 찾는 것은 절실한 과제라 할 수 있다.

UN이 발표한 지속가능발전목표(SDGs)에도 이미 '물-에너지-도시 Nexus' 요소가 포함돼 있음에 주목해야 한다. SDGs에는 총 17개 목표 가 제시됐는데 이 중 4개-'Clean Water and Sanitation'(깨끗한 물과 위생), 'Affordable and Clean Energy'(여유있고 깨끗한 에너지), 'Sustainable Cities and Communities'(지속 가능한 도시와 공동체), 'Climate Action'(기후변화 대응)-가 물-에너지-도시 넥서스와 관련이 있다. 인류의 생존과 번영을 위한 지속가능발전 목표에서 '물, 에너지, 도시'는 핵심의제 중 하나인 것이다.

그렇다면, 물-에너지-도시는 어떻게 연결되는가? 물관리는 에너지의 생산과 소비, 도시의 기후변화 대응과 상호 밀접한 연관이 있다. 기후위기

2016년~2030년 지속가능발전목표(SDGs, 2015)
※ 물과 직간접 관련된 목표 : 파란색 네모박스로 표시

가 닥쳤을 때 물, 에너지, 도시 각각 영향을 받지만 개별적 영향에서 끝나지 않는다. 이 3요소는 유기적 관계이기에 한 부분이 영향을 받으면 다른 부분에도 필연적으로 영향을 미치고 위험을 증폭시킨다. 물과 에너지의 관계를 예로 들어보자. 물은 수력발전, 조력발전, 수상태양광, 수열 등 신재생에너지를 생산하지만, 물의 생산과 공급 과정에서 다량의 에너지를 소비한다. 그리고 화력, 원자력 등 전통적 에너지 생산 과정에서는 다량의 물이 냉각용으로 사용된다. 물과 도시의 관계로 확장해 본다면, 도시화 이후 수질오염으로 수돗물에 대한 불신이 심해지고, 생태 파괴로 정주여건이 악화된다. 이상기후로 극단적인 홍수 아니면 가뭄이 생겨 물이 인간의 삶과 안전을 위협하기도 한다. 도시와 에너지의 관계는 더욱 밀접하다. 도시에 모인 사람들은 에너지를 집중적으로 소비한다. 도시에 에너지를 공급하기 위해 화력발전과 원자력발전 등 발전시설 의존도가 커지고, 원거리 전력 수송도 불가피하다. 2020년 발표된 국토부의 도시계획 현황에 따르면 우리나라 인구 91.8%가 도시지역에 거주한다. 도시는 물과 에너지 등 자원을 집중적으로 소비하고, 토지도 집약적으로 이용하기 때문에 기후변화에 취약할 수밖에 없다. 여기에서부터 문제 풀이를 시작해야 한다.

국내-아시아-전 세계 기후위기와 물재해 대응,
왜 K-water가 적임자인가?

물-에너지-도시 Nexus는 우리나라의 유일한 물전문 공기업으로서 K-water가 가진 역량을 기반으로 한다. K-water는 물, 에너지, 도시 분야에서 글로벌 수준의 기술과 노하우, 그리고 인프라를 보유하고 있다. 우선 국내 홍수조절 기능의 94%, 전체 물 공급의 61%를 담당한다. 뛰어난 물관리 기술 보유로 해외 10개국에서 29개 사업을 수행 중이다. 다목적댐, 용수댐, 보 등 수자원시설 56개소와 광역상수도와 공업용수도 48개소, 지자체 지방상수도 23개를 운영 관리하고 있다. 국가 물관리 인프라 대부분을 관리하면서 물연계 기능을 수행할 수 있는 잠재력이 풍부하다.

이뿐만이 아니다. K-water는 물을 이용한 수상태양광, 수열에너지 등 물에너지 기술을 선도하는 국내 1위 신재생에너지 사업자이다. 2021년 기준 국가 신재생에너지의 6%를 K-water가 생산했다. 댐수면, 수도시설 등 물관리 인프라를 활용한 에너지 생산 기반도 갖췄다. 물관리만 전문이 아니다. 우리나라 산업화 이후 도시개발의 역사도 K-water가 써내려 왔다. 1967년 창립 이후 제3차 경제개발 5개년 계획 시기인 1974년 사명 (社名)을 '산업기지개발공사'로 바꾸고 창원, 구미, 여수, 시화 등에 산업단지를 조성했으며 현재도 8개 지역에서 새로운 도시를 만들고 있다. 최근엔 물과 환경에 특화된 기술이 집약적으로 적용된 부산EDC지역 국가 스마트시티를 조성 중이며 도시홍수 관리, 유수율 제고 등 도시 맞춤형 물기술을 축적하고 있다.

K-water는 물-에너지-도시 넥서스를 위해 디지털 물관리 전환으로 유역 자연성 회복, 물재해 예방, 고품질 물서비스 제공과 이를 통한 국민 물복지 확대, 수량-수질 통합관리 성과 창출을 도모한다. 이러한 물관리 성과를 바탕삼아 한국의 높은 도시화율 실정에 맞는 물-에너지 솔루션을 도출하고 기후탄력환경도시 조성도 추진한다. 도시 물순환을 고려한 홍수통합 관리, 저탄소 스마트 수돗물 공급, 물에너지 클러스터 조성이 대표적인 예다. 또한, 환경 회복, 청정에너지, 에너지 자립 등 물-에너지-도시 기술을 접목해 기존 도시개발과 차별화된 개념의 환경융복합 도시를 만들 계획이다.

도시 운영관리 분야에서는 스마트 시설과 4차 산업혁명 기술을 활용해 효율성을 높이고자 한다. 이러한 체계적 솔루션의 개발과 발전에 국내 관련 기업의 참여를 이끌어냄으로써 국내 물산업 육성을 뒷받침하고, 나아가 국내 물기업의 해외 진출을 위한 교두보로 국제 무대에서 더 많은 역할을 해나갈 것이다. K-water는 아시아물위원회(AWC, Asia Water Council)의 의장국으로 글로벌 물 문제에 참여할 수 있는 중요한 네트워크를 보유하고 있다. AWC는 아시아 8개국과 유네스코(UNESCO)를 포함한 전 세계 151개 기관이 참여한 국제 협의체로 지난 2016년 출범해 그 규모를 꾸준히 확장해 왔다. 국제적 네트워크와 해외사업 역량, 국내 물기업과 협력 등을 통해 K-water는 물-에너지-도시 넥서스를 전 지구적 기후위기 대응에 활용하고 물 문제 해결에 기여할 수 있는 유효한 솔루션으로 확산시켜 나갈 것이다.

K-water

100년 기업 K-water를 향한 환경과
공정 가치로의 피보팅(Pivoting)

ESG경영

장 철

최근 1~2년 사이 주요 경영서적 베스트셀러의 주제이자 모든 기업들이 앞다투어 경영에 반영하며, 심지어 예능 프로그램에까지 등장한 경영 트렌드가 있다. 바로 'ESG경영'이다. ESG경영은 2004년 유엔 글로벌 콤팩트(UN Global Compact)가 작성한 보고서 'Who Cares Wins - Connecting Financial Markets to a Changing World'에 처음 등장했다. 기후위기와 대전환의 시대, ESG경영에 기업의 사활이 걸려 있다고 하는데, ESG경영이 대체 무엇일까?

먼저, ESG 각각의 알파벳이 의미하는 바를 알아보자. ESG는 환경(Environmental), 사회(Social), 지배구조(Governance) 단어의 첫 알파벳을 따온 것이다. 따라서 ESG경영이란 기업활동을 영위하는 데 있어, 환경적 측면을 고려하고, 지역사회의 발전에 기여하며, 공정하고 투명한 의사 결정을 통해 건전한 지배구조를 만들어 지속 가능한 경영을 추구하는 것을 의미한다. 옛날에는 이익을 많이 낸 기업을 '잘나가는 기업'이라고 했지만 이제는 비재무적 요소인 환경과 사회 이슈에 대응하는 자세와 올바른 결정 및 판단 여부를 놓고 기업의 경영 역량과 가치를 판단한다.

'ESG경영'을 위한 첫걸음, '물 특화 ESG경영' 선언

K-water는 그동안 수자원을 개발, 관리하면서 환경과 지역사회를 고려하여 사업을 추진해 왔다. 최근엔 기후변화로부터 국민의 생명과 재산을 보호해야 할 책무가 K-water에 주어졌다. 이에 따라 K-water는 2020년 7월, 기후변화에 대한 대응 의지를 천명하며 공기업 최초로 '기후

노사공동 물 특화 ESG경영선언

위기경영'을 선언하고 2021년 3월 국내 ESG경영 도입과 함께 기후위기경영의 발전적 형태인 '물 특화 ESG경영'을 노사가 공동으로 선언하게 된다.

이어 K-water는 실효성 있는 ESG경영을 위한 방향을 설정하고 계획을 수립했다. 이에 2021년부터 공사에서 추진 중이었던 기존 68개 중장기 전략과제를 ESG 관점에서 재조명하고, 변화한 경영환경에 전략을 매칭시키기 위한 작업에 착수했다. 먼저 E, S, G 성격으로 과제를 분류하고, 과제의 성격과 시급성에 따라 대응, 회복, 도약이라는 전략 방향을 설정

했다. 최종적으로 ESG경영 추진에 필요한 신규 과제를 발굴하고 이 중 20개의 중점 추진과제를 선정해 추진계획을 수립했다. 이와 더불어 ESG경영 가치체계를 설정, 2022년 전사 가치체계와 일원화하고 ESG 경영원칙을 별도로 신설해 ESG경영 내재화를 위한 기반도 마련했다. ESG 실무를 수행할 전담 조직을 마련하고 ESG경영위원회 운영 규정을 제정했으며, 분기별 정례 운영을 통해 ESG경영 체화를 위한 역할을 부여했다. 더불어 ESG 분야별 전문성을 갖춘 오피니언 리더 중심으로 K-water ESG 성과를 홍보하고 자문 역할을 수행할 자문단을 발족했다. K-water 물특화 ESG경영의 촘촘한 내재화를 위한 자문, 심의, 실무수행 조직체계가 마련된 것이다.

가장 먼저 한 일은 현황을 파악하는 것이었다. K-water는 2021년 ESG 컨설팅을 시행해 ESG 진단체계를 확보하고 현황을 점검한 후 ESG경영 성과 향상을 위한 강·약점을 파악하고, 비상장공기업 최초로 기관 ESG 등급을 획득했다. 2021년 12월 상장기업(1,004개) 동일기준 평가 결과 우수등급(A)을, 공공부문 진단 프레임 기준으로는 평가사(社)의 7단계 등급체계 중 최고 등급인 최우수(AA) 등급을 받은 것이다. 또, 지속적인 ESG경영의 발전을 위해 ESG와 연계한 '혁신 추진계획'을 시행했다. 이는 K-water만의 '혁신챌린지' 페스티벌을 통해 전사적 혁신활동과 ESG 과제 발굴을 연계해 계획(Plan), 시행(Do), 점검(Check)한 후 이 내용을 환류하여 발전시킬 수 있는(Act) 지속적인 ESG경영 차원의 혁신체계를 마련한 것이다.

이와 더불어 ESG경영 자금 확보 목적으로 독일계 환경 투자기금을 유치해 2021년 2회에 걸쳐 ESG 녹색채권 800억 원을 발행하였으며, 공공기관 최초 온실가스 인지예산제를 도입하여 2050 탄소중립 실현을 위한 실행 동력을 확보했다. 또한, 2020년 12월 공공기관 최초 근로자 이사회 참관 제의 노사 공동 합의를 도출하고 2021년 12월 노동 이사제 도입을 명문화하여 단체협약을 개정하는 등 ESG 의사결정을 위한 제도 도입 기반을 선제적으로 다졌다.

ESG경영 성과 확보를 위한 리더십과 팔로우십의 조화

하지만 짧은 기간 내에 ESG경영을 도입하여 성과를 내는 것은 결코 쉬운 일이 아니다. 2021년 물 특화 ESG경영을 도입한 K-water에게도 어려운 도전이었으나 CEO의 혁신적인 리더십과 임직원의 부단한 노력 끝에 물 특화 ESG경영성과를 창출해낼 수 있었다. CEO는 변화하는 경영환경 속에서 위기 진단과 미래비전을 바탕으로 이니셔티브(initiative)를 제시하고 숙의토론 및 현장과의 유기적 소통을 통해 현안 해결의 장을 마련하였으며, 직원들 또한 강력한 팔로우십으로 ESG 혁신을 향해 노력한 결과 하나의 Team K-water를 완성했다. 리더와 팔로워의 조화는 K-water가 ESG경영성과를 단시간 내에 만들어낼 수 있었던 원동력이 됐다.

K-water의 물 특화 ESG경영성과 중 환경, 사회, 거버넌스 측면 대표 사례는 다음과 같다. 먼저 K-water는 댐을 활용해 신재생에너지를 개발 했다. 합천댐 수면 위에 태양광 발전설비를 설치해 다목적댐이 수력

발전과 함께 태양광발전까지 할 수 있도록 새로운 사업영역을 개척하고, 기존 육상태양광이 가진 환경 훼손의 단점 또한 보완했다. 더불어, 태양광 패널에 합천군의 군화인 매화 이미지를 적용해 볼거리를 만들었다. 지역주민이 사업에 참여하면 수익을 나눠가질 수 있도록 사업모델을 개발하고, 지역 명소로 조성해 지역경제 활성화에도 기여했다. 또한, 전문기관과 함께 주민협의체를 구성해 사업환경성 검증을 진행했으며 결과를 투명하게 공개하고 수시 소통채널을 운영해 주민 우려와 갈등을 해소했다.

한편 대청, 용담, 주암, 합천, 소양강 5개 댐에서는 홍수기 댐으로 유입되는 쓰레기를 줄이기 위해 '하천 자율관리 협동조합'을 설립하였다. K-water와 지역주민, 환경단체, 지자체와 협업해 만든 조합을 통해 댐 유입 쓰레기를 최대 90%까지 저감하여 댐주변 깨끗한 경관을 조성했다. 또한 협동조합을 운영하면서 주민 애로사항을 적극적으로 해소할 수 있도록 유관기관 간 소통도 놓치지 않았다. 상술한 두 사례는 모두 물 분야 업역 내에서 환경(E), 사회(S), 지배구조(G) 측면을 아우르며 ESG경영을 실현한 사례라 볼 수 있다.

강원 수열 클러스터 사업자 지정, 초순수 국가 R&D 수행, 사연댐 반구대 암각화 보존방안 합의, 소수력과 풍력 및 태양광을 활용한 그린수소 실증 사업 착수는 환경(E)과 사회(S) 측면의 ESG경영사례다. 환경측면 단독 성과로는 'K-water 2050 탄소중립 로드맵' 수립을 언급할 수 있다. 이 로드맵을 통해 K-water는 광역정수장 탄소중립 달성 등으로 2050년까지 현재 73만 톤에 이르는 탄소 배출량의 11배인 780만 톤의 온실가스를 감축할 계획이다.

중소기업 경쟁력 강화를 위한 선금보증수수료 지원, K-테스트베드 운영, 지역뉴딜 벤처펀드 조성, 댐 주변지역 에코마켓은 K-water의 사회(S) 측면 ESG경영의 성과다. K-water는 코로나19로 인한 경영 위기를 극복할 수 있도록 공공기관 최초로 291개 중소기업에 2억 1,000만 원의 선금보증수수료를 지원했다. 이 사업은 서울시 등 타 기관에서 벤치마킹하여 도입할 정도로 모범활동으로 평가된다. 또한 국가 K-테스트베드 운영기관으로서 132개 실증지원 수요 중 101개 기술에 대한 실증을 추진해 중소기업의 '성장사다리' 역할을 했다. 아울러 물산업 중소기업 육성 확대를 위해 지원 방향을 기존 '물기업'에서 '물산업 + 지역혁신기업' 육성으로 전환하며 지역뉴딜 벤처펀드 2,500억 원을 조성하고 유망 스타트업 516개, 일자리 1,806개, 기업가치 4조 9,000억 원을 창출해 중소기업의 성장 기반을 마련했다.

에코마켓 프로젝트(Eco Market Project)는 코로나19 이후 지역축제가 취소되는 등 활기를 잃고 나아가 지역소멸의 위기에 직면한 댐 주변 지역의 주민을 위해 기획 · 실행한 사업이다. 댐 유휴 부지에 에코마켓을 열고 지역 농산물을 전시, 판매하여 농가에 판로 확대를, 지역 청 · 장년 에게는 일자리를 제공했다. 에코마켓 운영수익은 친환경 영농에 재투자해 선순환 구조를 만들었다. 이를 통해 K-water는 1.5억 원 규모의 농산물 소비 창출, 3.7억 원의 주민소득 증대 기여, 지역 일자리 135개를 창출 하는 등 주암, 남강댐 지역에서 사회(S)분야 혁신성과를 낼 수 있었다.

마지막으로 지배구조(G) 측면 성과로는 낙동강 하굿둑 개방을 놓고 오래 이어져 온 갈등이 해소된 점을 들 수 있다. 둑 개방을 두고 지역사회 구성원 간의 첨예한 갈등이 지속됐으나, K-water는 민관협의체를 구성해 개방영향에 대한 투명한 검증과 결과 공개, 주민과 함께하는 실증시험 시행, 5개 유관기관 간의 협업 및 실무협의회를 통해 개방영향 최소화 방안을 확보하고 지속적인 소통을 아끼지 않았다. 그 결과 2022년 2월, 낙동강 하굿둑 폐쇄 35년 만에 하굿둑 상시 개방이 확정됐다.

아울러 K-water는 ESG경영 방침 중 정보공시의 중요성을 인지하고 다양한 이해관계자와 적극적 소통, 정부 기관 플랫폼, 홈페이지, 지속가능경영보고서 등 다양한 방법으로 투명하고 정확하게 정보를 공시해 진정한 ESG경영 실천에 더 가깝게 다가설 요량이다.

K-water는 1976년 설립 이후 급변하는 경영환경에 적응하고 지속 가능한 성장을 이루기 위한 노력을 끊임없이 이어왔다. 이제는 ESG경영 전환에 전사적 힘을 모으고 있다. 사실 ESG경영이 국내에 도입된 지 얼마 안 됐기에 아직 성과는 미미하고 가야 할 길도 멀다. 하지만 K-water는 물 특화 ESG경영으로 조직 고유의 업역인 물관리를 충실히 수행함과 동시에 지속 가능한 발전을 향해 앞으로 100년을 묵묵히 걸어가려 한다. 지난 55년간 그래왔던 것처럼 물을 통한 발전과 도약, 국민 생활의 향상을 지향하며.

대한민국 미래 물관리와
탄소중립 도약을 이끌어 갈 K-water의

5 Star 미래성장사업

K-Study*, 유우식

기업이 새로운 미래먹거리를 발굴하고 육성하는 일은 중요하다. 미래에 선제적으로 대비할 수 있고 기업의 성장과 지속가능성을 확보하는 일이기 때문이다. K-water는 국가 정책과제와 연계되고 ESG가치에 부합하면서 시장 성장성이 높은 물에너지·초순수·기후탄력환경도시·그린수소·디지털워터플랫폼을 '5 Star 미래성장사업'으로 선정하고 전략적 투자 확대, 기술 개발, 인재 육성에 집중하고 있다. 이를 통해 2030년 매출 10조 원을 달성하고 ESG경영 성공 모델로 제시한다는 게 목표다. 이번 장에서는 기후위기와 코로나19 팬데믹, 탄소중립, 디지털 변혁의 파고 속에서 대한민국의 大전환과 세계 최고의 물종합 플랫폼기업 도약을 이끌어갈 K-water의 5 Star 미래성장사업을 소개한다.

---

* 미래사업 경쟁력 강화를 위해 전문지식과 트렌드, 신규 기술을 빠르게 습득하여 현업에 적용하는 K-water의 자발적 사내 학습조직

1. 물에너지

물은 자연이 선물한 최고의 청정에너지다. 천연자원이 빈약한 우리나라에 '친환경 에너지 전환'이라는 새로운 세상의 문을 열어 준 열쇠이기도 하다. 물에너지는 K-water의 댐, 수도 등 물인프라를 활용하여 생산하는 친환경에너지다. 넓은 댐 수면에 태양광 모듈을 설치하여 전기를 생산하는 '수상태양광'과 물의 온도 차를 이용하여 건물 냉난방에 활용하는 '수열에너지'는 물에너지의 대표주자다.

'2050 탄소중립'을 향한 세계 각국의 노력이 본격화되고 재생에너지 확대를 통한 온실가스 감축이 탄소중립 이행의 핵심 수단으로 자리매김하면서 수상태양광 시장은 연평균 15% 이상씩 성장 중이다. 특히 유럽 대비 낮은 위도로 높은 일사량을 확보할 수 있고 반도체 제조기술을 바탕으로 태양광 패널의 원활한 생산·보급이 가능한 아시아지역은 약 2.1GW 규모의 수상태양광을 개발·설치하고 있다. 향후 全 세계 저수지 수(水)면적의 10%에만 설치한다고 가정했을 경우 약 4TW의 개발 잠재량을 기대할 수 있어(Nature紙, 2022) 미래 성장 가능성도 매우 높은 분야다. 아울러 육상태양광에 대비 높은 환경성을 고려하면 시장규모는 2030년까지 약 101억 달러까지 확대될 것으로 전문가들은 예상하고 있다(Precedence Research, 2022). 다만 오늘날 수상태양광 기술은 100MW이상 대규모화, 추적식 패널 등으로 급속하게 진화 중이나 전력계통 연계와 빅데이터 기반 성능 진단시스템 구축, 운영관리 디지털화 등 해결해야 할 과제가 아직 남아 있다.

전 세계 수상태양광 설치현황(2020, SERIS 싱가폴 태양e 연구소)

국가	합계	중국	일본	한국	기타아시아	유럽	미주지역	기타
용량(MW)	2,487	1,200	190	172	560	250	68	47
비율(%)	100	48.3	7.6	6.9	22.5	10.1	2.7	1.9

수열에너지는 북미, 유럽, 일본 등 기술선진국을 중심으로 점차 확대되고 있다. 국내에서는 정부와 K-water가 민간과 지자체, 공공기관을 대상으로 수열에너지 보급 지원사업을 주도하고 있다. 2019년 환경부 조사에 따르면 국내 수열에너지 잠재량은 642만 5천RT(22.5GW) 규모이며 세계 수열 히트펌프 시장은 2026년까지 연평균 약 4.4%씩 성장하여 12억 달러 규모에 이를 것으로 보인다(Global Market Insight, 2019).

에너지 전환을 이끌어갈 수상태양광과 수열에너지

K-water는 2011년 합천댐에서 세계 최초로 댐 수면을 활용한 수상태양광 실증모델을 개발한 후 본격적으로 보령댐, 소양강댐, 군위댐 등 수상태양광 설치지역을 넓히고 있다. 하지만 지속적인 확대를 위해서는 수상태양광이 설치되는 댐 주변 지역

합천댐 수상태양광

주민들의 공감대 형성이 무엇보다 중요하다. 주민들은 태양광 패널이 경관을 훼손해 지역발전에 걸림돌이 된다고 우려하고 수질 오염을 발생시킨다는 오해를 갖고 있다. 주민들의 사업 수용성을 높일 방안은

없을까? K-water는 지역주민들이 직접 주체로 사업에 참여하고, 지역 주민과 발전수익을 공유하는 상생형 사업모델을 구상하였다. 2021년 말부터 상업 발전을 개시하고 본격적인 운영에 들어간 합천댐 수상 태양광은 주민 반대를 슬기롭게 극복하고 지역의 보물단지로 자리매김한 성공사례다. 지역주민들은 수상태양광 사업에 투자해 20년간 연 10%의 발전수익을 받게 된다. 또한 합천군의 군화(郡花)인 매화를 태양광 디자인으로 형상화하여 관광객들에게 볼거리를 제공하고 건설과 운영관리 과정에서 지역주민을 고용하여 일자리를 창출함으로써 지역 경제도 활성화했다. 수질 오염에 대한 주민들의 우려는 전문기관 협업과 엄격한 자재관리로 불식시키고 있다. 2011년부터 환경 분야 전문 국책 연구기관인 한국환경연구원(KEI)과 공동으로 수상태양광이 수질 및 수생태계에 미치는 영향에 대해 총 5차례 검토한 결과 수질에 부정적 영향이 없었으며, 오히려 어류에게 휴식처를 제공하여 수상태양광 인근 치어 떼가 증가하는 등의 긍정적 효과를 확인했다. 또한 수상태양광의 모든 기자재에는 환경부의 먹는 물 수질 기준보다 10배 이상 강화된 '수도용 자재 위생안전기준'을 적용하고 납과 초산이 조금도 들지 않은 태양광 모듈을 사용하고 있다.

수상태양광 사업은 한 단계 더 높은 질적 도약을 준비하고 있다. 재생에너지 발전사업자가 아니라 지방자치단체 주도로 해당 지역 내 입지를 선정하고 민관협의회 운영을 통해 주민 수용성을 높이는 '신재생에너지 집적화단지 모델'이 바로 그것이다. 해당 사업모델을 통해 설비용량 40MW를 초과하는 대규모 신재생에너지 단지를 개발하면 REC 가중치를 추가로 지원받아 사업수익을 보다 많이 지역사회에 환원할 수 있게 된다.

아울러, 생산된 전력을 소비자에게 전송하는 전력계통 연계가 여건상 어려운 경우를 대비하여 수상태양광을 활용한 그린수소 생산, 분산형 전원(Micro Grid) 구축, 수상변전소 적용 등 미래기술을 지속적으로 개발해 나갈 예정이다. 이를 통해 2030년까지 1GW 규모 이상의 수상 태양광을 개발하여 국가 온실가스 감축목표 달성에 기여하고자 한다.

이와 함께 대한민국 수열에너지 선도기업 K-water는 수열에너지의 확대 보급을 위해 정부 시범사업 추진과 더불어 제도를 개선해 나가며 관련 산업생태계 조성에 힘쓸 계획이다. 우선 환경부와 함께 시행하는 '수열 에너지 보급·지원 시범사업'은 민간과 지자체가 수열에너지 설치 시 총 사업비의 최대 50%를 지원하고 각종 기술 컨설팅을 제공하는 사업으로 2022년 4월 삼성서울병원, 한국무역협회 등 9곳의 사업대상지가 선정 된 바 있다. 이번 시범사업을 통해 전체 냉난방설비 연간 전기사용량의 35.8%인 36.5GWh를 절감해 연간 1만 9,000톤의 온실가스를 줄일 수 있을 것으로 기대된다.

수열에너지 확대를 위한 각종 제도 개선도 탄력을 얻고 있다. 당초 바닷물 을 활용한 수열에너지만 신재생에너지에 포함되었으나 2019년 법령 개정을 통해 하천수도 수열원(源)으로 인정받게 되었고 2021년에는 하천수 수열에너지를 사용하면 이용 요금을 대폭 감면하는 제도도 시행 했다. 또한 건축기준(용적률) 완화, 취득세 감면 등의 인센티브가 있는 '제로에너지건축물(ZEB) 인증'제도 내 신재생에너지 평가항목에 하천수 수열에너지 기술이 포함(2022년)됨에 따라 수열에너지의 보급이 더 욱 활발해질 것이라 기대한다. 특히 향후 수열에너지 사업이 온실가스 배출권거래제 외부사업으로 등록될 경우, 수열에너지 활용에 따른 온실 가스 감축량을 배출권으로 인정받을 수 있어 수열에너지에 대한 수요는 더욱 커질 것으로 보인다. 앞으로 정부 지원사업과 수열에너지 클러스터 추가 조성으로 2030년까지 1GW 규모, 그리고 2050년까지 신기술 R&D 개발과 보급 지원사업 등을 통해 2GW 규모로 활용을 확대할 예정 이다.

2. 초순수

K-Study 초순수분과

초순수는 유기물, 미생물 등 각종 불순물을 최소화한, 이론상 가장 깨끗한 물이다. 초순수를 만들려면 약 20~30개의 공정을 거쳐야 하는데 전 세계적으로도 일부 선진국만이 생산기술을 보유할 만큼 수처리 분야 최고난도 기술이다. 초순수는 2024년 세계 시장에서 23조 원 규모로 성장할 것이라 점쳐지지만 사실 초순수는 시장규모 그 자체보다 반도체, 우주, 바이오, 이차전지 등 국가 미래 첨단산업의 전략물자라는 점에서 각별한 의미를 지닌다. 특히 대한민국 수출의 약 20%를 차지하고 9년째 수출 1위 품목인 반도체 제조과정에서 초순수는 세척, 약품희석 등에 활용되어 초순수의 품질이 반도체 성능과 직결된다. 국가 경제를 지탱하는 주력 상품이자 경제 안보의 핵심 자산인 반도체 시장을 놓고 최근 글로벌 경쟁이 격화하고 있지만 공정 필수재인 초순수는 대부분 외국기업에 의존하고 있다. 초순수 분야는 고도의 기술력과 전문적 운영관리가 필요해 시장 진입

장벽이 높고, 기술 상용화와 연관한 소재·부품·장비산업 육성이 어려워 해외기술 의존도 심화가 반복되는 악순환을 겪었기 때문이다. 기후위기로 인한 재해, 무역 갈등 등으로 초순수 생산과 공급이 중단될 경우 국가경제에는 막대한 피해가 닥친다. 실제로 2021년 미국 오스틴 삼성전자 공장에서 기록적 한파로 초순수 공급이 중단된 적이 있었는데 이로 인해 6주간 공장 가동이 중단되고 3,000억 원 이상의 재산손실이 발생했다.

미국과 일본은 일찍부터 초순수를 국가 전략산업의 핵심기술로 인식하고 기술 개발과 연관산업 육성에 국가 차원의 전폭적인 지원을 아끼지 않았다. 우리 정부도 2021년 K-반도체 전략을 수립하고 국정과제에 반영해 국가 핵심산업 경쟁력 강화를 위한 초순수 기술력 확보와 용수 공급 지원을 중점 추진하고 있다. K-water는 대한민국 대표 물전문 공기업으로서 초순수 기술 자립의 시대적 사명을 안고 원천 기술의 국산화와 산업육성 노력의 구심점 역할을 하고자 한다.

초순수 기술 국산화로 세계시장 개척과 국가전략산업 육성

K-water의 초순수 시장 진출 전략은 크게 ① 국가R&D 수행으로 기술 자립 ② 전문인력 양성 ③ 국가 초순수 플랫폼센터 ④ 다각적 협력 체제 구축 등 4가지로 구성된다.

K-water는 환경부 국가 연구개발(R&D) 과제에 참여하여 반도체 기업에 초순수를 직접 공급하는 실증 플랜트를 구축·운영하고 있다. 2011년

부터 1일 25톤의 실증용 초순수 시설을 설치·운영한 경험과 다수의 기술특허를 보유하고, 초순수에 근접한 순수(純水)를 생산·공급하는 사업장 5개소를 운영하며 초순수 국산화의 적임자로 인정받았다. R&D 실증 플랜트에서는 국내산 제품과 외국산 제품을 각각 적용한 2개 라인을 구축하여 성능을 비교하고 일 2,400톤의 초순수를 생산하게 된다. 그 과정에서 국내 소·부·장 업체가 초순수 관련 공급실적을 확보하여 시장의 높은 허들을 넘을 수 있는 기회를 만들 수 있다. 연구개발 과제를 성공적으로 완수하면 2025년에는 반도체급 초순수 생산을 위한 핵심 공정인 자외선산화(UV), 이온 및 유기물 제거, 탈기 공정 등이 국내 기술로 대체될 것으로 보이며 이를 통해 초순수 설계·운영 분야는 100%, 소재·부품·장비 분야는 약 70% 수준의 기술 국산화가 실현될 전망이다.

초순수 기술 자립을 위해서 지속적인 전문인력 양성도 중요하다. 하지만 아직 국내에는 초순수 전문교육 과정이 부재한 상황이다. K-water는 국내 유수의 대학들과 협력하여 맞춤형 초순수 교육교재를 발간하고 2021년부터 사내에 초순수 스터디그룹을 운영하며 기초역량을 갖춘 내부 직원들을 양성하고 있다. 또한 한국과학기술원(KAIST)과 협력해 대학원 석사과정 개설을 포함한 초순수 교육 과정을 운영한다. 앞으로 국가 R&D 실증 플랜트를 활용한 현장 교육을 강화하여 초순수 산업 기초를 보다 견고하게 다져갈 계획이다.

민간, 정부, 대학교, 연구기관 등 다양한 주체가 협업하여 초순수 수질 분석과 연구 실증 분야 솔루션을 제공하는 플랫폼센터도 구축 중이다.

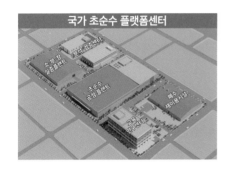

이곳에서 초순수 수요기업은 신뢰할 수 있는 선도기술을 연구·개발하고 국산 소·부·장 제품의 성능을 공신력 있는 기관이 인증해 산업 현장에 적용을 촉진할 수 있다. K-water는 앞으로 정부, 기업, 대학과의 상생 협력을 통해 국내 초순수 산업의 생태계를 구축하고 기술 국산화와 경쟁력 확보의 전진기지로 만들고자 한다.

선진국 사례에서 볼 수 있듯이 어느 한 부문의 독자적 노력만으로는 초순수 산업을 육성할 수 없다. 정부 주도 아래 면밀한 종합 로드맵을 수립하고 해외, 산업계, 학계와의 협력을 기획하고 역량을 모아 내는 것이 중요하다. 이에 K-water는 정부와 함께 기술 국산화를 위한 전방위 협력체계를 구축하고자 한다. 국내 소·부·장 기업에 대해서는 협업 과제 수행, 테스트베드와 연계한 실·검증, 투자 유치와 판로 지원을 통해 성장모멘텀을 제공한다. 또한 반도체 대기업과는 공동기술 개발, 전문인력 교류, 초순수 공급 국산 기술 활용 확대 및 산업 활성화 등의 동반성장 과제를 추진하여 점진적으로 협력을 확대할 예정이다. 더불어 글로벌 물기업과 전문가 집단과의 기술·산업 정보 교류 강화, 교육 커리큘럼 및 정책·제도 벤치마킹을 통해 기술 국산화의 동력을 보다 강화하고자 한다.

K-water가 추진하고 있는 국가R&D, 초순수 플랫폼센터, 전문인력 육성, 협력체계 구축 중 어느 하나 쉬운 과제는 없다. 하지만 원수부터

초순수 및 하·폐수 재이용까지 공급하는 'Water Total Solution' 사업의
완성을 향해, 국가 미래전략산업을 개척하고 기술 강국 도약을 이끈다는
사명감으로 차질 없이 목표를 완수해 나갈 것이다.

3. 기후탄력환경도시 유우식

기후변화의 원인으로 탄소배출 증가에 따른 지구온난화가 꼽힌다.
지구 평균 온도(2011년~2020년)는 산업화 이전보다 1℃ 넘게 상승했
으며 대기 중 이산화탄소 농도는 200만 년 만에 최고 수준으로 높아졌다.
흔히 지구 온도상승 억제의 마지노선으로 평가되는 '1.5℃'는 2015년
프랑스 파리에서 열린 제21차 기후변화 당사국 총회(COP21)에서 처음
언급되었고, 2018년 인천 송도에서 열린 제48차 IPCC (Intergover-
mental Panel on Climate Change, 기후변화에 관한 정부 간 협의체)
총회에서 발표된 「지구 온난화 1.5℃ 특별보고서(Special Report on
Global Warming of 1.5℃)」의 핵심 키워드이다. 과학자들은 1.5℃를
기후변화 대응의 티핑포인트(Tipping Point, 한계점·임계점)라고 말한
다. 이 수치를 넘어서면 지구 전체의 균형이 무너지고 기후변화는 자기
증폭적 과정에 진입하게 되어 우리가 기후변화 저감을 위해 기울이는
그 어떤 노력도 의미가 없게 된다는 것이다.

기후위기의 임계점, 1.5℃

하지만 온실가스 감축을 위한 국제사회의 노력에도 불구하고 지구

온난화 시계는 점점 빨라지고 있다. IPCC가 2021년 발표한 6차 보고서는 1.5℃ 기온 상승 도달 시점을 2040년으로 예측했다. 해당 시점을 2052년으로 예측한 3년 전 특별 보고서보다 지구는 더 빠르게 뜨거워지고 있다. 유엔환경계획(UNEP)은 2022년 10월 "배출격차 보고"를 통해 2100년이 되면 지구 온도가 산업화 이전과 비교해 2.4~2.6℃ 오른다고 밝히면서 각국이 내놓은 온실가스 감축 약속이 성공적으로 이행되더라도 지구 온도 상승폭을 1.5℃ 이내로 제한하는 것은 불가능하다는 비관적인 전망을 내놓았다. 예상했던 것보다 더욱 심해진 기후위기에 보다 급진적인 대응이 필요한 상황에서 "우리는 기후변화를 느끼는 첫 세대이자 이를 해결할 수 있는 마지막 세대이다."라고 말한 버락 오바마 전 미국 대통령의 메시지는 매우 의미심장하다.

기후변화를 촉발한 원인과 위기가 드러나는 징후와 양상, 그리고 대응과 극복 방향의 핵심 연결고리에 '도시'가 있다. 全 세계 인구의 절반 이상이 도시에 거주한다. 도시지역은 전체 지구 면적의 2%에 불과하지만 전체 에너지 중 66%를 소비하고 온실가스의 75%를 배출한다. 또한, 2022년 8월 서울과 수도권 침수피해와 같이 최근 도시의 물재해는 더욱 빈번하고 강하게 발생하여 국민의 생명과 재산을 위협하고 있다. 따라서, 이상 기후의 위협에 맞서 도시의 회복탄력성을 높이고 지속가능한 공간으로 재창조하는

이클레이 전략비전

논의가 무엇보다 중요한 시점이다. 특히, 지속 가능한 발전을 위한 세계 최대 지방정부 네트워크인 이클레이(ICLEI, 세계지방정부협의회)의 행보에 주목할 필요가 있다. 이클레이는 2018년 몬트리올 세계총회에서 도시 환경의 급격한 변화 관리와 패러다임 전환의 전략 비전을 발표하면서 지속 가능한 도시 발전을 어떻게 진전시킬지에 대한 큰 그림을 제시하고 각국의 지방정부의 구체적인 행동 변화와 프로그램 실천을 요구한 바 있다.

K-water가 만드는 새로운 미래도시, 기후탄력환경도시

K-water는 물관리 전문기관으로서 통합 물관리 실현을 위한 유역 물환경 개선과 기후변화에 대비한 안정적 수자원 · 상하수도 관리 등 다양한 환경정책을 이행하고 있다. 또한, 1974년 산업기지개발공사 재편 이후 지난 50여 년간 국가산업단지 조성을 시작으로 친수사업 및 수변공간 조성에 이르기까지 지속적으로 도시사업을 추진해 온 노하우를 가지고 있다. 이런 성과를 바탕으로 최근에는 물 · 에너지 · 도시 분야에 대한 고유의 전문역량을 결집하고, 기후변화에 따른 글로벌 트렌드를 반영하여 K-water형 '기후탄력환경도시'를 새로운 미래도시 모델로 설정했다. 기후탄력환경도시는 '미래 물안심, 단소중립, 환경성 회복 및 건전한 물순환체계' 가치를 중심으로 도시공간을 재창조하고 운영 패러다임을 전환하는 것을 목표로 한다. 디지털 스마트기술을 물관리에 적용하여 도시침수를 예방하는 한편 물순환 체계 개선을 통하여 보다 기후위기에 강한 도시를 만들고자 한다. 또한 생태 복원과 오염 정화로 도시 환경성을 회복하고 녹지 조성, 청정에너지 전환과 같은 저탄소 · 친환경 인프라를

확대함으로써 보다 깨끗하고 쾌적한 도시공간을 확보하는 것이 핵심이다.

정부와 함께 추진 중인 구체적인 정책사업으로는 탄소중립도시를 들 수 있다. 2020년 '2050 대한민국 탄소중립' 선언과 2022년 「탄소중립기본법」이 시행되면서 기존 도시의 탄소중립 전환과 탄소중립 신도시 조성의 제도적 기반이 갖춰졌다. 환경부는 탄소중립도시의 마중물 사업으로 도시의 기후탄력성 제고와 녹색 전환을 주내용으로 하는 '스마트 그린 도시 사업'을 전국 25개 지자체에서 시행 중이며, 사업 규모와 예산을 확대하고 사업 내용을 보강한 '탄소중립 그린도시 사업'을 본격화하고 있다. K-water는 이 같은 정부 정책에 발맞추어 송산그린시티, 강원수열 클러스터 등 기존 사업에 탄소중립 인프라와 기후맞춤형 도시운영 체계를 반영한 '국가 탄소중립 시범도시'를 준비 중이다. 이러한 노력과 성과를 인정받아 2022년 12월, K-water는 탄소중립도시 사업계획의 수립과 시행, 조사 · 연구, 관리 · 평가 등 국가 탄소중립도시 정책을 실질적으로 총괄하는 '탄소중립도시 지원기구'로 지정됐다.

환경오염을 정화하여 '생태복원, 청정에너지' 중심의 친환경 도시로 재탄생시키는 환경 융 · 복합사업도 기후탄력환경도시의 중요한 구성 축이다. 난개발과 기반시설 부족으로 환경오염 피해를 겪고 있는 지역은 전국에 약 100개에 이르는 것으로 파악되어 향후 환경성 회복 중심의 도시 재생사업은 탄력을 받을 것으로 보인다.

끝으로 기후변화와 환경오염 심화에 대응할 수 있는, 지속 가능한 도시 모델로 주목받고 있는 것이 바로 스마트시티다. 스마트시티는 AI,

디지털 트윈 등 4차 산업혁명 기술을 다양한 도시 인프라와 결합, 표준 플랫폼을 구축하여 각종 도시문제를 해결하고 삶의 질을 개선할 수 있는 신개념 도시로 2023년 692조 규모의 세계시장이 형성될 것으로 예상된다. K-water가 국가 시범도시로 추진 중인 부산EDC 스마트시티에는 도시 물재해관리시스템과 분산형 고도정수시설, 저영향 개발(LID), 수열 에너지 등 물 특화기술이 총망라되어있어 이를 적극적으로 활용한다면 세계 스마트시티 시장에서 더 차별화된 경쟁력을 확보할 수 있다. K-water의 물-에너지-도시 역량을 접목한 기후탄력환경도시는 탄소중립을 이행하고 도시의 새로운 미래를 만들어 나가는 출발점이 될 것이다.

4. 그린수소

K-Study 에너지분과

수소(H)는 원자번호 1번으로 인류가 발견한 원소들 중 가장 가볍고 간단한 구조를 갖췄다. 또, 우주에 존재하는 물질의 75%를 차지할 정도로 풍부하다. 히지만 중력이 크지 않아 지구상에서는 단일 형태로는 존재하지 않고 대부분 탄소, 질소, 산소 등 다른

라부아지에 수소 실험

원소와 화합물 형태로 존재하는데 메탄(CH_4), 암모니아(NH_3), 물(H_2O) 등이 대표적이다. 수소는 '물의 근원'을 뜻하며 라부아지에가 명명한 'Hydrogene'에도 이런 의미가 반영되어 있다.

기후위기의 주범, 탄소를 대체할 물질로 수소가 세계의 기대와 관심을 모으고 있다. 탈(脫)탄소 전환 흐름에 맞춰 수소를 주 에너지원으로 활용해 산업과 사회·생활 질서를 재편하고 새로운 경제성장을 추동하는 수소경제사회가 빠르게 다가온다. EU, 미국, 일본, 중국 등 주요국들은 수소산업을 미래 핵심 산업으로 인식하고 시장 확대, 운송체계 정비 및 기술개발에 역량을 집중해 투자를 확대하고 있다. 수소는 2050년 세계 에너지 수요의 18%를 차지하고 2,940조 원의 시장규모 성장이 예상되는 블루오션이다. 우리 정부도 「수소경제 활성화 로드맵(2019년 1월)」을 발표하며 수소 핵심기술을 개발하고 교통·에너지·산업 전반의 생태계를 육성하는 등 수소경제 전환에 선제적으로 대응하고 있다.

수소의 종류와 특징

구분		공정	정의	특징
부생수소 Grey		석유 코크스 나프타 → 화학 공정 → 부생수소 / 목적물질	• 석유화·철강 제조공정에서 부수적으로 발생되는 수소	• 폐가스 활용·생산 • 생산량 제한 ※ (단가)2,000원/kg
추출 수소	개질 수소 Grey	천연가스 / 물 → 촉매 반응 → 개질수소 / CO₂ 배출	• 화석연료(천연가스 등) 활용 촉매반응으로 생산	• CO_2 발생많음 • 대량생산가능 ※ (단가)2,700원/kg
	블루 수소 Blue	천연가스 / 물 → 촉매 반응 → 블루수소 / CO₂ 포집(CCUS)	• 개질수소+CCUS*장치를 통해 발생된 CO_2 포집 ※ Carbon capture & storage	• CO_2 포집·활용 • CCUS* 기술필요 ※ (단가)5,100원/kg
그린수소 Green		신재생E / 물 → 수전해 → 그린수소 / O₂	• 신재생에너지를 활용 물을 전기분해 하여 생산	• 친환경(CO_2無) • 높은생산단가 ※ (단가)9,000~10,000원/kg

수소는 연료와 생산·처리공정에 따라 부생수소, 추출수소(개질, 블루), 그린수소로 나눌 수 있다. 2020년 기준 세계 수소 사용량은 연간 90백만 톤 규모이며, 대부분 개질수소(77.9%)·부생수소(21%)에 의존 중이다. 하지만 두 가지 수소 모두 생산과정에서 다량의 이산화탄소를 배출(그레이 수소)하는 한계점이 있다. 결국 수소가 탄소중립을 실현하는 미래에너지 대안으로 자리매김하려면 물과 신재생에너지로 수소를 생산하는 그린수소 보급을 확대하고 경쟁력을 확보하는 방안이 절실하다. 그린수소가 재생에너지의 취약점인 간헐성, 즉 자연조건에 따라 발전량이 변동하는 단점을 극복할 수 있는 에너지원(源)이라는 점은 더 큰 매력이다.

친환경에너지, K-water 그린수소를 주목하라

K-water는 현재 걸음마 수준인 그린수소 생산의 핵심기술을 확보하고 상용화를 실현하여 국내 최고의 그린수소 전문기관으로 도약하고자 한다. 그 첫 번째 단계로 국내 최초로 정수장(성남정수장) 소수력과 풍력(시화 방아머리)을 활용한 On-site형(별도의 저장·운송 없이 생산장소에서 수소 공급) 그린수소 실증시설을 구축하고 2023년부터 본격적인 운영과 상용화 연구에 들어간다. 또한 그린수소 생산 국가 연구개발(R&D)에 참여하여 소수력 기반 수전해시스템의 내구성을 확보하고 최적 운영 방안을 마련할 계획이다.

2단계 계획으로는 1단계 그린수소 실증사업과 R&D 성과를 바탕으로 2027년까지 그린수소 인프라 확대와 제도 개선, 정책 거버넌스 구축을 통해 국가 수소 산업의 중추 역할을 하고자 한다. 충주댐 수력과 밀양댐 소수력으로 지역을 넓혀 그린수소 생산시설을 확충하고 상용화 기반을 강화할 것이다. 또한 2024년 도입 예정인 '청정수소등급제'와 연계하여 그린수소 일정비율 사용을 의무화하고 신재생에너지 공급인증(REC) 신설, 보조금 차등 지원과 같은 제도 개선도 추진한다. 정부-지자체 협업과 산업 · 학교 · 연구기관 거버넌스를 구축하여 공동연구와 기술 교류를 강화하는 한편, 전문인력 양성을 확대하여 본격적인 그린수소 활성화 기반을 마련할 것이다.

마지막 3단계에서는 K-water가 관리 중인 댐과 보, 정수장 소수력을 활용해 전국적인 그린수소 생산망을 구축하고 수소차 4.2만대가 이용할 수 있는 연간 4,112톤 규모의 수소를 생산 · 공급한다. 장기적으로 대수력, 조력과 같은 전국의 물에너지 인프라를 활용한 대규모 생산체계를 구축하고 K-water가 조성 중인 송산그린시티, 부산EDC 등을 수소특화 도시로 만들 계획이다. K-water의 그린수소 사업은 신재생에너지 1위 기업 K-water의 미래를 열어나가고, 국가 수소경제 전환과 에너지 체계 혁신을 선도할 것이다.

5. 디지털워터플랫폼   K-Study 플랫폼분과

시간당 30mm 이상 비가 쏟아지는 집중호우가 1970년대에는 연 6.9회에 발생했지만 2010년대엔 연 12회로 2배 가까이 증가했다. 이는 기존의 물관리 인프라만으로는 기후위기로 인한 물재해에 완벽한 대응이 어려

울 수 있음을 의미한다. 물재해에서 비롯하는 인명과 재산 피해를 최소화
하려면 센싱(sensing), AI, 디지털 트윈 등 디지털 기술을 활용한 스마트
물관리로 빠르게 전환해야 한다.

4차 산업혁명 기술의 발전과 코로나19로 인한 비대면 서비스가 확산
되면서 디지털 전환 중심으로 모든 산업의 패러다임이 변화하고 있다.
가트너(Gartner)社의 하이프 사이클(Hype cycle)에 따르면 이제 우리
사회는 '인공지능이 기술을 넘어 일상으로 보편화되는 단계'에 진입
하였고 구글, 아마존 등 글로벌 IT 대기업은 빅데이터의 축적과 함께 다
양한 AI 혁신기술 개발로 클라우드 서비스를 제공하면서 디지털 新 시
장을 선점했다. 또한, 오픈 이노베이션(Open Innovation)을 기반으로
한 스타트업 혁신 생태계가 활성화되면서 많은 창업기업이 빠르게 10억
달러 이상의 기업가치를 지니는 유니콘 기업으로 성장하고 상장을 통해
글로벌 시장에 진입하고 있다.

글로벌 시장조사업체인 스태티스타
(Statista)에 따르면 全 세계 디지털 시장
은 2010년 130억 달러에서 2020년
1,570억 달러로 열 배 이상으로 커졌
으며, 물분야 디지털 서비스 시장은
2027년까지 455억 달러 규모로 연평균
7.1%씩 가파른 성장이 예상된다. 물산
업 분야도 디지털 플랫폼을 기반으로

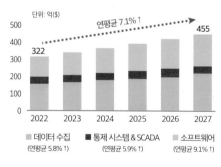

디지털 물시장 전망, GWI

시장을 선점하고자 치열하게 경쟁 중이다. 이미 베올리아(Veolia), 자일럼

(Xylem) 등 글로벌 물기업은 공공클라우드 기반의 디지털 플랫폼을 구축하고 다양한 디지털 물 서비스를 확대하고 있다. 특히 클라우드 혁신 기술을 보유한 아마존, MS, 구글 등 빅 테크 기업들도 전통적인 물기업 및 스타트업과 협력하여 디지털 물산업 생태계 조성에 직·간접적으로 영향을 미치고 있다.

Veolia(프랑스)	Xylem(미국)	PUB(싱가포르)
• 파리 Digital Lab, 통합 플랫폼 Aquavista 운영 • 그룹의 디지털 전환을 위한 2023 Strategic 프로그램 운영	• 2011년 ITT그룹에서 분리·독립 후 물특화 플랫폼 구축 • 2016년 Sensus 등 9개 사와 M&A 통해 버티컬 솔루션 흡수 추진	• 증강현실 활용한 물 재이용 플랜트 '디지털 트윈' 구축 • 저수지 주변 자동 감시용 차량형 로봇 도입 등

디지털 물산업 육성 위한 wateRound 플랫폼 본격 가동

K-water는 약 1년간의 준비과정을 거쳐 wateRound 플랫폼을 구축했다. 2022년 3월 세네갈에서 열린 세계물포럼에서 글로벌 론칭하고, 7월부터 운영을 시작했다. wateRound 는 기업, 스타트업, 학계 등 다양한 참여자

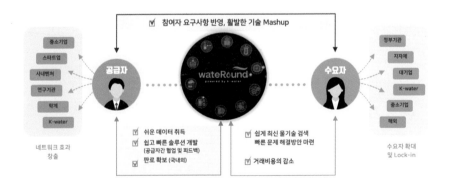

들이 물 데이터를 쉽게 획득하고, 이를 활용하여 물 문제 해결을 위한 디지털 솔루션을 빠르게 개발할 수 있도록 국내·외에 서비스하는 개방형 비즈니스 플랫폼이다.

K-water는 국내 최대 클라우드 기업인 네이버 클라우드와 협력하여 디지털워터솔루션의 기획부터 개발·유통에 필요한 클라우드 인프라, 데이터·물기술, 공통기능 S/W, 오픈 커뮤니티, 글로벌 마켓플레이스 등 전 과정을 원스톱으로 제공한다. 현재 24개 파트너사가 참여 중이며

이들이 개발한 30여 종의 물-에너지-도시 분야 디지털 물 서비스를 플랫폼에서 제공하고 있다.

K-water는 앞으로 디지털워터플랫폼을 완성하고, 디지털 물산업 생태계 기반의 혁신 서비스를 창출하여 글로벌 물종합 플랫폼 기업으로 도약하고자 한다. 이를 위해 먼저 국내·외의 다양한 수요자와 공급자를 연결하는 양면·다면 시장을 형성하여 플랫폼을 보다 활성화할 계획이다. 오픈소스 S/W를 활용한 K-water型 스마트시티 표준 플랫폼을 개발하고 물-에너지-도시 다양한 데이터를 융합하여 혁신 서비스를 제공함으로써 글로벌 디지털워터플랫폼을 완성할 것이다. 또한, 국내 産·學·研·官 협력 생태계를 해외로 확산하여 국내 물산업의 디지털 전환과 글로벌 비즈니스 확장에 이바지할 예정이다. 마지막으로, 디지털 서비스(SaaS) 시장 활성화와 글로벌 진출 지원을 위한 다양한 정책과 지원제도를 마련하여 2027년까지 물분야 유니콘 기업을 배출하는 등 명실상부한 글로벌 물종합 플랫폼으로 당당히 세계시장을 선도할 것이다.

K-water

데이터-기술-서비스 기반 비즈니스
新시장을 개척하는 0과 1의 하모니,

디지털 전환

K-Study 디지털분과

디지털 전환은 데이터와 디지털 기술을 융합하고 업무 프로세스를 혁신해 새로운 비즈니스 모델을 창출하는 것으로 정의할 수 있다. 1970년~1990년대에 개인용컴퓨터, 통신, 네트워크가 발달하면서 아날로그 정보를 디지털로 바꾸는 '전산화(Digitization)'와 2000년~2010년대 디지털 기술과 정보를 결합하여 업무 프로세스를 개선하고 공장 자동화를 이끌었던 '디지털화(Digitalization)'를 모두 포함하는 개념이다. 디지털 전환(Digital Transformation)은 한 걸음 더 나아가 AIoT, Big Data,

Digitization (전산화)	Digitalization (디지털화)	Digital Transformation (디지털 전환)
• 정보의 디지털화 • 아날로그 정보를 디지털 정보로 전환	• 디지털 정보와 디지털 기술 결합하여 비즈니스 운영 개선 • 공급자(기업) 중심 혁신	• 디지털 문화 확산으로 비즈니스 모델이 새로운 방식으로 변화 • 수요자 중심 혁신 • 기업 조직의 민첩성(Agility) 중요

디지털 전환의 개념

출처: Forbes(2018. 4. 29), "Digitization, Digitalization, And Digital Transformation: Confuse Them At Your Peril"

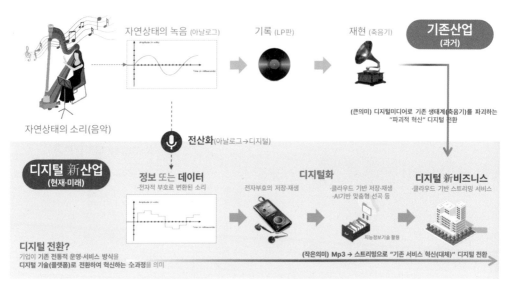

디지털 전환을 통한 비즈니스 창출 과정(예시)

Cloud 등 4차 산업혁명 기반 디지털 기술을 활용하여 변화하는 시장의 니즈(Needs)를 충족시키고 새로운 비즈니스 모델, 문화 및 고객 경험을 창출하는 근본적인 혁신 과정을 의미한다.

4차 산업혁명과 코로나19 팬데믹이 낳은 비대면 온라인 문화 확산과 디지털 전환 가속화가 시대 트렌드로 부상하면서 소비자 생활, 경제, 사회 전반의 편의와 생산성을 향상시키고 새로운 부가가치와 산업을 만들고 있다. 이에 따라 디지털 전환은 기업의 미래경쟁력을 담보하고 생존의 필수요건으로 자리 잡게 된다. 패러다임 변화는 全 세계 산업 전반의 디지털화를 보다 촉진하고, 디지털 플랫폼 기업이나 디지털 전환에 성공한 기업이 전통적인 제조 · 기술 기업을 추월하여 세계시장을 선도

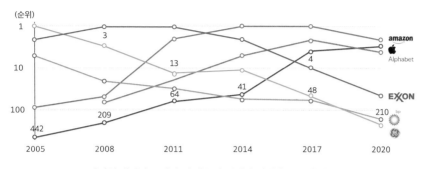

디지털 네이티브 기업 및 전통적 기업의 시가총액 순위 변화

출처: "www.companiesmarketcap.com", accessed 17 Sep. 2022

하고 있다. 디지털테크 기반 플랫폼 기업의 시장 지배력은 이전보다 커지고 이러한 변화에 맞춰 세계 유수의 기업은 각기 디지털 전환을 향한 새로운 발전과 도약을 모색 중이다.

디지털 전환 기업 성공 사례

amazon	• (2020년 02월) $937.84B → (2022년 08월) $1.46 (5위) • AI를 통한 사용자 구매 이력 분석 및 상품별 발주 건수 산출, 과잉재고로 인한 리스크 절감 및 사용자 대기시간 최소화
Walmart ⁜	• (2020년 02월) $301.5B → (2022년 08월) $353.2B (16위) • "디지털 퍼스트" 전략으로 온라인-오프라인 매장 연계, 온라인 주문 후 매장 수령, 생필품 2시간 배달 서비스 주효
M	• (2020년 02월) $144.7B → (2022년 08월) $191.3B (52위) • 드라이브스루, 키오스크, 배달 등 비대면 서비스 확대, 고객 데이터 분석 및 예상 주문 우선 조리로 판매 증대
NIKE	• (2020년 02월) $139.2B → (2022년 08월) $172.7B (61위) • 유통채널 단순화(D2C) 및 나이키 앱 사용자 데이터 기반 맞춤 제품과 서비스를 제공하는 나이키 라이브 론칭

출처: "www.companiesmarketcap.com", accessed 17 Sep. 2022

세계적인 물기업들도 디지털 전환을 글로벌 물 분야 미래 패러다임을 주도하는 핵심 과제로 설정하고 기술과 서비스 혁신에 나서고 있다. 물 공급 관리 과정에 디지털 기술을 적용하고 수집된 물데이터를 분석·가공하여 기후위기 시대 물분야에 특화된 솔루션을 개발한다. 지향점은 사내벤처, 스타트업을 중심으로 물산업 생태계를 조성하고 새로운 수익 모델을 창출하는 디지털워터플랫폼 기업으로의 도약이다. 정부도 '모든 데이터가 연결되는 세계 최고의 디지털플랫폼 정부 구현'을 국정과제로 내세우고 디지털 전환과 데이터 역량 강화를 통해 고품질 행정서비스 제공과 민간·기업 중심의 혁신생태계 구축에 힘을 쏟고 있다.

K-water 디지털 전환 전략

K-water에게 디지털 전환은 기후위기가 초래한 다양한 물 문제에 대응하고 '물-에너지-도시 그리고 ESG Nexus'를 구현하기 위한 전략 수단이다. K-water는 디지털 전환의 미래 청사진과 로드맵을 제시하고 '세계 최고의 물종합 플랫폼 기업' 비전 달성을 위해 2022년 '디지털 혁신 전략(Digital Vision 2030)'을 수립하였다. 디지털 전환의 최종목표는 물-에너지-도시의 모든 데이터와 솔루션, 공간정보를 하나의 플랫폼으로 통합하여 가상공간 메타버스(Metaverse)로 구현, 이를 통해 데이터에 기반한 최적 의사결정을 지원하고 새로운 시장과 서비스를 창출하는 것이다. 목표 달성을 위한 첫 번째 방안은 물순환-물 공급-에너지-도시-설계·건설 등 사업 분야별 디지털 트윈 구축이다. 유역물관리, AI정수장, 스마트시티 등 개별적으로 추진 중인 디지털 전환을 보다 고도화시켜

실시간 모니터링-문제점 자율인지-분석 · 예측 기반 의사결정이 가능해지는 최고 수준의 디지털 트윈을 실현할 예정이다.

두 번째는 보다 안전하고 사용자 친화적인 디지털 업무환경을 조성하고자 한다. 클라우드 기반의 디지털 워크플레이스(workplace)를 확대하여 모든 인프라의 제약이 없는 업무공간을 구축하고 다양한 신기술과 보안 위협에 맞서는 'Security Smart Office' 체계 완성이 목표다.

세 번째는 모든 국민들에게 국내 · 외 모든 물정보서비스를 보다 편리한 방법으로 제공하고 다양한 물 문제를 해결하는 글로벌 디지털워터플랫폼을 완성하는 것이다. 디지털 전환을 위한 마지막 과제는 조직과 직원의 디지털 역량 강화와 디지털 융합 메타버스 플랫폼 실현이다. 디지털 전담 조직을 확대하고 디지털 핵심 인력을 육성하는 한편 현실을 그대로 구현한 메타버스에서 다양한 물 관련 신기술과 서비스를 자유롭게 개발 · 거래하는

10대 미래상

디지털 혁신 전략으로 2030년 실현할 10대 미래 비전 제시

개방형 플랫폼을 만들고자 한다. 2030년까지 이를 실현하기 위해 총 33개의 세부 실행과제를 도출하고 10대 미래상을 설정하여 성과목표를 구체화했다.

디지털 전환을 통해 달라지는 미래의 모습

기후변화로 인해 전 세계는 다양한 물 문제를 겪고 있다. 기후변화에 관한 정부 간 협의체(IPCC)의 제6차 보고서에서는 지구 온도가 2도 오르면 4억 1,000만 명에 달하는 도시 인구가 추가로 물 부족 문제를 겪고 21세기 말까지 지구 인구의 3분의 1이 수인성 질병이나 감염병에 노출될 수 있다고 경고한 바 있다. K-water는 국내 최고의 물전문기관으로서 기후위기가 초래한 다양하고 복잡한 물 문제를 해결하고자 한다. 디지털 전환은 물관리 혁신뿐만 아니라 에너지 최적 생산·관리, 스마트시티 완성의 핵심 고리인데, 그렇다면 K-water가 그리는 디지털 전환의 미래는 어떤 모습일까?

K-water는 전국의 댐과 수도 등을 포함하여 약 800여 개 시설에서 시간당 150만 개의 데이터를 생산하고 있다. 이 양은 앞으로 더욱 증가할 것이다. 디지털 기술이 만드는 방대한 양의 데이터를 체계적으로 관리하고 개방과 공유·융합의 가치 아래 이를 분석·활용할 수 있는 솔루션을 개발하여 국민에게 보다 나은 서비스를 제공하는 것이 디지털 전환의 미래 모습이다. 국민들이 쉽게 이해하고 체감할 수 있는 서비스로는 첫째, 홍수·가뭄 등 자연재해를 미리 예측하고 대응하는 것이다. 인공지능

(AI)으로 각종 물데이터를 실시간으로 분석하고 다양한 시나리오를 도출 · 활용해 극한의 재해에도 효과적인 대응이 가능해진다.

둘째, 수도시설에서 발생하는 시설파손 · 수질오염 등의 사고를 발생 전에 미리 감지하고 조치함으로써 국민 모두 안심하고 마실 수 있는 수돗물을 공급할 수 있다. 셋째, 물-에너지-도시의 모든 데이터가 융합 되는 메타버스 플랫폼에서 안전하고 편리한 생활 서비스를 경험할 수 있고 기업들은 데이터를 활용한 다양한 솔루션을 개발 · 거래하여 새로운 혁신 기회를 찾고 성장 동력을 확보할 수 있다.

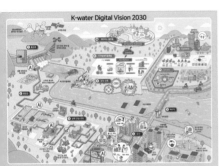

K-water가 그리는 디지털 전환

K-water는 디지털 전환을 선도적으로 이행하여 세계 최고의 물 종합 플랫폼 기업의 비전을 달성하고자 한다. 또한 이를 통해 국민들에게 고품질의 물서비스를 제공하고 다양한 사회문제 해결에 나서며 국가 경제의 역동적 성장을 뒷받침하겠다.

어젠다-5

대한민국 혁신성장을 '이끄는 민간'과
'밀어주는 정부'를 잇는

물산업 생태계 육성

한완섭

2022년 유럽과 중국 서부지역에는 극심한 여름 가뭄이 닥쳤다. 반대로
겨울철을 맞은 호주는 이례적인 집중호우를 겪었다. 파키스탄에서는
최악의 홍수로 1,000명 이상의 인명피해가 발생했다. 지구는 점점 극단
으로 치닫는 기후재난에 직면하고 있다.

국제 공학·환경 컨설팅 기업 'GHD'는 최근 발표한 보고서에서 가뭄·
홍수·폭풍과 같은 물재해가 세계 경제에 끼칠 누적 손실액이 2030년

파키스탄 홍수(2022년 8월)　　　헝가리 가뭄(2022년 8월)　　세계 물재해 누적 손실액(추정치)

까지 1조 3천억 달러에 이르고, 이후 10년 동안에는 피해액이 50% 더 늘어 2040년까지는 3조 3천억 달러, 2050년까지는 여기서 70%가량 불어난 5조 6천억 달러에 달할 것으로 예상했다.

물 폭탄과 물 기근, 물 오염 등 기후변화가 초래한 물 위기에 직면하고 탄소중립을 위한 저탄소 물 공급, 물관리 디지털 전환이 본격화되면서 물산업이 급격하게 성장하고 있다. 물산업은 지표수, 지하수, 해수 등 수자원, 생·공·농업용수의 생산·공급, 하·폐수 처리 및 재이용 등 물순환 전 과정을 포괄하는 사업과 이와 관련된 각종 서비스를 말한다. 세계 물시장 규모를 매년 조사·발표하는 GWI(Global Water Intelligence)에 따르면 세계 물시장 규모는 2021년 기준 약 8,060억 달러. 앞으로 연평균 3.4%씩 성장해 2026년에는 약 9,523억 달러에 이를 것으로 전망했다. 이는 2021년 기준 약 5,949억 달러 규모로 추정되는 세계 반도체 시장의 약 1.6배에 달한다.

이상기후 속에서 깨끗한 물 확보가 인류 생존과 번영을 위한 핵심 과제라는 인식이 확산되고 물산업 시장규모가 커지면서 금융 투자도 확대되고 있다. 글로벌 금융기업들은 다양한 물투자 금융상품을 내놓고 있으며 국내에서도 2022년 4월 최초로 물 관련 상장지수펀드(ETF)가 출시됐다. 대체재가 없는 물의 특성상 앞으로 물의 가치가 높아질 수밖에 없고 이에 따라 상·하수도 운영과 수처리, 물인프라를 담당하는 물 기업의 미래 성장 가능성이 주목받게 된 것이다.

국내 물시장도 성장을 거듭하고 있다. 2020년 기준 물산업 통계조사

국내 물산업 통계 현황(2020년 기준)

보고서(환경부)에 따르면 2020년 물기업 전체 매출액은 약 103조 원으로 이 중 물산업으로 발생한 매출액은 46조 원에 달하며 기업수, 종사자, 매출액, 수출액 모두 최근 5년간 성장세를 유지 중이다. 다만 성장률은 2.6%로 글로벌 물산업 성장률 4.2% 대비 다소 저조한 편이다(GWI). 상수도보급률 99%를 넘어서며 물 인프라 구축이 마무리 단계에 접어들자 국내 내수시장 성장은 차츰 정체되고, 국내 물기업은 여전히 영세해 혁신기술 개발이 저조하고 수출 성장세도 주춤하고 있다. 특히 매출액(약 46조 원) 대비 수출액(약 1조 8천억 원)이 현저히 낮아 향후 물산업 혁신을 통한 세계시장 진출과 경쟁력 강화는 중요한 숙제로 남았다.

국내·외 물산업 육성 노력

글로벌 물시장이 성장하면서 미국과 일본, 유럽 등 세계 물산업 강국의 시장 선점 경쟁도 치열해지고 있다. 세계 1위의 기술력과 내수시장을 보유한 미국은 세계은행, 아시아개발은행 등 국제금융기구의 주도권을 확보해 물기업을 육성하고 해외 진출을 확대하고 있으며 일본은 부품 소재, 설계 부문의 기술력과 다양한 공적개발원조(ODA) 경험을 활용하여 동남아시아 신흥시장을 공략 중이다.

프랑스와 영국은 수도 민영화 노하우와 베올리아, 수에즈 등 자국의
글로벌 물기업의 경쟁력을 글로벌 물시장 선점의 발판으로 삼고 있다.
이스라엘과 싱가포르는 우리나라가 참고할만한 사례인데, 지리적으로
어려운 물관리 여건을 극복하고 정부 주도의 체계적인 물산업 육성 정책과
클러스터 운영으로 물산업 강국으로 도약했다. 이스라엘의 물전문 공기업
Mekorot은 물산업 클러스터를 조성하여 물 기술 개발을 주도하는 한편,
정부 차원의 물산업 육성 종합정책인 NEWTech 프로그램을 통해 신규
창업을 활성화하고 자국 물기업의 해외시장 진출을 지원하고 있다.
싱가포르는 영토 내에 하천이나 지하수층이 없는 물 기근 도시국가로
지난 수십 년간 수자원의 절반을 말레이시아에 의존해 왔다. 이에 국가
생존전략 차원에서 물 인프라 확충에 역량을 쏟았는데, 그 결과 싱가포르
의 수자원 공기업 PUB는 공공 물관리 인프라를 테스트베드로 개방해
물기업의 기술력 향상과 일자리 창출이라는 성과를 거두었다.

우리나라도 물시장을 활성화하고 물산업을 육성하기 위한 다양한 정책을
추진해 왔다. 2006년 '상하수도 서비스업 구조 개편, 상하수도 인프라
확충, 기술개발 확대, 우수 인력 양성'을 주내용으로 하는 범정부 차원의
「물산업 육성방안」을 수립했지만 민영화 논란과 법적 근거 미흡, 전담
조직 미비 등으로 큰 성과를 거두지는 못했다. 물산업 진흥을 위한 정부
정책은 2018년 5월 「정부조직법」, 「물관리기본법」, 「물관리 기술발전
및 물산업진흥법(약칭 물산업진흥법)」 등 이른바 물관리 일원화 법안이
국회를 통과하면서 새로운 전기를 맞게 된다. 물관리 업무가 환경부로

일원화되고 부처 내 '물산업협력과'라는 전담 조직이 신설되면서 제도 기반을 갖춘 것이다. 특히 2019년 6월 총사업비 2,409억 원을 들여 대구시에 조성한 국가물산업클러스터를 준공하면서 물기업 기술 역량 강화와 해외시장 개척에도 탄력을 얻었다. 클러스터 내 기술 R&D와 실증시험을 위한 국내 최대 규모 시설을 갖추고 수출금융과 마케팅을 지원하는 해외 진출 프로그램을 제공하는 한편, 산·학·연 협력 기반 전문인력 양성시스템을 구축하면서 물산업 경쟁력 강화의 교두보를 마련했다.

K-water 물산업 활성화 전략

최근 글로벌 물시장은 4차 산업혁명 대전환 흐름에 따라 기존 상수, 정수, 하수처리 등의 산업 형태를 뛰어넘어 ICT, AI, 빅데이터와 같은 디지털 융·복합 하이테크 기반의 혁신형 산업으로 급격히 성장하고 있다. 따라서 국내 물산업도 이러한 시장 패러다임 변화에 맞춰 기술 집약도를 높이고 첨단 디지털 산업과 기술 연계를 강화하는 방향으로 재편되어야 한다. 이를 통해 기후위기 극복과 탄소중립 실현을 이끄는 핵심 산업으로 한 단계 성장할 수 있다.

K-water는 대한민국 물산업의 플랫폼 역할을 수행하여 新성장 동력을 창출하고 세계 물 문제 해결에 기여하고자 한다. 창업지원부터 기술개발·실증-해외판로 확보-펀드 조성, K-테스트베드 운영까지 다양한 지원 정책으로 창업 예비자와 스타트업이 '포기하지 않는다면 도약과 성공의 꿈을 현실로 만들 수 있는' 혁신생태계 조성에 앞장서고 있다. 무엇보다

중점을 두는 부분은 물 분야 신규 창업 활성화다. 국내 물산업 분야 기업 신생률, 즉 전체 활동기업 중 신생기업의 비율은 6.9%(21년 물산업 통계 조사, 환경부)로 전체 산업 평균 기업신생률인 14.72%(국가통계포털) 대비 저조한 수준이다. 물산업 분야 청년 예비창업자 발굴을 확대하고 유망 스타트업 육성은 반드시 달성해야 할 목표다. 이를 위해 대학-연구기관과 협력하여 혁신 아이디어와 유망아이템을 수시로 발굴하고 사내 전문인력을 활용한 멘토링 제도를 강화하여 사업화 가능성을 높이고 성과를 구체화할 계획이다. 또한 창업기업의 가장 큰 애로사항인 투자 자금을 지원하여 고속성장(Scale-up)을 위한 디딤돌을 놓고자 한다. 정부 창업지원 정책과 연계, 지자체와 민간자금을 결합하여 2032년까지 물산업 육성 펀드를 조성하고 이를 통해 물산업 분야에서 기업가치 10억 이상의 스타트업인 유니콘기업을 배출할 것이다. 물기업 성장의 튼튼한 뿌리가 되는 기술 개발 역량을 높이는데도 힘을 쏟고 있다. 물관리에 필요한 기술을 기업에게 사전에 공지하는 '기술예고제'는 어렵게 개발한 기술이 사장될 위험을 줄이고 현장에서 수요가 높은 디지털 물관리 기술 확보를 촉진시킬 수 있다.

K-water 인프라를 활용하여 개발 기술의 실증 지원도 강화한다. 대전(디지털), 부산(담수화), 춘천(물에너지), 송산(도시물순환), 광주(물환경), 서울(동반협력) 등 지역별로 조성하고 있는 분산형 실증화시설은 물산업 혁신거점으로 자리잡을 것이다. 다양한 동반성장 제도를 활용하여 기술 개발 제품 구매를 확대하고 해외 현지화 시범사업, 수출상담회 등을 통해 물기업의 해외 진출도 적극적으로 돕고 있다. 이러한 노력과 성과를 인정받아 K-water는 2021년 전체 공공기관을 대표하여 신기술 제품의

실증을 지원하는 「K-테스트베드」 사업 운영기관으로 선정되었다. 앞으로 「K-테스트베드」 플랫폼 기능을 강화하여 물산업 육성은 물론 대한민국의 혁신과 차세대 성장동력의 새로운 물결을 만들어 낼 것이다.

2022년에는 미국 라스베이거스에서 개최된 'CES 2022'에 참가해 국내 물분야 혁신기업과 스타트업 7개社의 전시 부스 운영을 지원했다. CES(Consumer Electronic Show)는 매년 미국 라스베이거스에서 열리는 세계 최대 첨단기술 박람회로 삼성, 현대자동차, SONY 등 글로벌 대기업을 포함한 전 세계 약 4,500개사와 18만 명의 관람객이 방문(2019년 기준)하는 대규모 행사다. K-water는 행사 지원을 통해 국내 물기업의 제품과 기술을 세계 시장에 홍보하고 글로벌 기업과 사업 연계, 투자상담 등 협력 방안을 논의하며 신생 기업의 해외시장 개척에 힘을 보탰다.

K-water CES 2023 참여(2023년 1월)

'CES 2023'에서는 정부 '민간 중심의 역동적인 경제 활력 창출'의 국정 기조에 발맞추어 유망 중소 · 벤처기업의 해외 진출을 보다 체계적으로 돕고자 대규모 전시 부스 'K-water 기업관'을 개설 · 운영했다. 여기에서 디지털 트윈, AI정수장, 플랫폼, 스마트시티, 물에너지 등 K-water의 물관리 대표 기술 10가지와 물산업 생태계를 함께 만들어 나가는 협력 파트너 14개社의 혁신솔루션을 공동으로 선보이며 공공-민간 동반성장의 새로운 롤 모델을 만들어 냈다. 특히 9개 참여기업의 10개 제품은 친환경, 디지털, 스마트시티 등 다양한 분야에서 'CES 혁신상'을 수상했다. 대한민국 물산업의 혁신성과 진일보한 기술경쟁력을 국제 무대에서 인정받은 셈이다. K-water는 CES 참가를 통해 글로벌 유니콘 기업 육성과 더불어 물산업 진흥에 본격적 교두보를 마련하게 된다.

물산업을 육성하고 경쟁력을 강화하기 위해서는 보다 거시적이고 구조적인 질서 재편에 대한 사회적 논의도 필요하다. 앞서 언급했듯이 영세한 물기업 중심의 가격경쟁 위주 저수익 물산업 구조로는 혁신기술의 꽃을 피울 수 없다. 물시장 규모를 보다 확대하고 물산업을 기술 중심 고부가가치형 구조로 전환해야만 국가 경제 활성화에 기여하고 양질의 일자리를 만들어 낼 수 있다. 이를 위해서는 시 · 군 · 구 지자체 단위로 나눠진 수도사업의 통합, 수도 요금이 생산원가에 미치지 못하는 낮은 요금현실화율 문제, 민간의 기술 개발과 시설 투자를 촉진시킬 수 있는 민-관 협력모델 발굴 등 수도사업 구조 개편에 대한 본격적인 검토와 논의가 필요한 시점이다.

물산업의 해외시장 진출은 통신 · 전기 등 타 분야에 비해 실패율이 높은 편이다. 글로벌 물기업도 해외 진출 초반에는 국가별 상이한 물수급 여건과 법 제도로 인해 실패를 경험했다. 따라서 시장 우위 확보를 위해서는 기술 경쟁력 강화와 정교한 사업전략이 필요하다. 최근 세계 물시장은 상수도부터 하수까지 물 공급 全과정을 단일 업체에 맡기는 사례가 늘고 있고 나아가 설계와 시공, 운영 등 일괄로 통합 발주하는 경향도 두드러진다. 시장 수요도 선진국은 노후 인프라 개선, 개도국은 신규 물인프라 구축, 아프리카는 ODA(공적개발원조) 연계 투자, 중동은 해수담수화 및 재이용 등 국가개발 수준과 대륙별로 다양한 상황이다.

우리나라 민간 물기업은 세계적인 수준의 물인프라 건설 능력을 보유하고 있으나 수처리시설 운영·관리 경험은 상대적으로 취약한 편이다. 초순수, 하·폐수 재이용, 해수 담수화 같은 고부가가치 물산업의 기술력을 확보·고도화하고 스마트 물관리를 위한 디지털 역량을 보다 강화해야 한다. 물시장 트렌드에 대응하기 위해서 글로벌 네트워크를 활용한 국제협력을 확대하고 공공-민간, 대기업-중소·벤처기업, 산업-대학-연구기관이 서로 협력하는 민·관 종합플랫폼을 구축하는 것도 필수적이다. K-water의 수량-수질-수생태계-수재해 등을 아우르는 통합 물관리 역량과 청정 물에너지, 물특화 도시 등 물-에너지-도시 넥서스형 사업모델은 물산업 해외시장 개척의 차별화된 전략이 되어 국내 물산업의 수출경쟁력 강화와 국부(國富) 창출에 기여할 것이다.

K-water

물-에너지-도시 넥서스의 미래 가치를
전 세계 곳곳으로 확산하는

글로벌 리더십

백경목

국가 수자원의 종합적인 개발과 이용은 경제 성장과 산업 발전의 토대이다. K-water는 다른 물기업들과 함께 댐, 수도 등 인프라를 건설하고 홍수, 가뭄, 수질오염 등 다양한 물재해에 대응하면서 물관리 역량을 축적했다. 하지만 1990년대 들어 물인프라가 전국적으로 갖춰짐에 따라 내수 물시장은 정체되기 시작한다. 대규모 공공사업의 축소로 물산업은 침체기를 맞고 관련 기업들은 해외 시장으로 눈을 돌린다. 때마침 1993년 우루과이라운드(UR) 무역협상 타결과 이듬해 세계무역기구(WTO) 체제가 출범하면서 국가간 무역장벽은 사라지고 개방화 흐름이 대세를 이룬다. 당시 김영삼 정부는 '세계화'를 국가발전 전략으로 주창하였고 국내 기업의 해외 진출은 급속도로 확산된다.

K-water도 이 시기 해외 진출을 모색하기 시작한다. 목적은 1967년 설립 이래 국내 물관리를 책임지는 유일한 공기업으로서 쌓은 풍부한 경험과

기술을 기반으로 해외시장에 진출하여 새로운 성장 동력을 만드는 것이었다. 초기에는 해외사업 경험 부족을 감안해 공적개발원조(Official Development Assistance, ODA) 사업 중심의 추진전략을 설정하였다. 공적개발원조란 다른 국가의 경제 발전과 복지 증진을 위해 공적자금을 활용하여 물자·현금 공여, 프로젝트 사업, 기술협력, 개발차원 형태로 지원하는 것을 의미한다. 1993년 한국국제협력단(KOICA) 무상원조 사업으로 추진하던 '중국 산서성 분하강 유역조사 및 제3분하댐 예비 타당성 조사사업'을 수주하면서 K-water는 국내 최초로 중국 수자원 조사사업에 참여하며 해외사업에 첫발을 뗐다.

**K-water 첫 해외사업,
"중국 산서성 분하강 유역조사 용역"**

- 사업내용 : 중국 산서성의 용수부족 문제를 해결하기 위하여 산서성 內 제1강인 분하강의 효율적 활용에 필요한 제반 기술 검토
- 기간/사업비 : 24개월(1994년 6월 ~ 1996년 5월), 8억 원

ODA·기술용역 사업으로 쌓은 역량을 활용해 K-water는 2012년 파키스탄 파트린드 수력발전사업(150MW), 2014년 필리핀 앙갓 수력 발전사업(218MW), 2018년 솔로몬 티나 수력발전사업(15MW), 2021년 인도네시아 까리안 광역상수도사업(397천m³/일) 등 자체 투자사업에도 본격 진출하게 된다. 1993년 첫 해외사업 이후 지난 29년 동안 35개국 129건의 사업을 추진하였고 이 중 100건은 완료, 29건은 진행 중에 있다.

아시아물위원회(AWC) 운영을 통한 물 분야 국제협력 본격화

아시아는 가뭄, 홍수 등 다양한 물 문제가 빈번하게 발생하는 지역으로 물 이슈에 대한 아시아 각국 정부와 물기관 간 협력 필요성이 지속적으로 제기되어 왔다. 이에 따라 2015년 4월 우리나라에서 개최된 제7차 세계물포럼에서 아시아물위원회(Asia Water Council, AWC)의 설립을 선언하고 2016년 3월 인도네시아 발리에서 열린 창립총회를 통해 공식 출범한다. K-water는 대한민국의 물관리 글로벌 리더십과 해외사업 확대를 통한 국가 미래성장 동력을 확보하기 위해 AWC 설립을 주도했다.

AWC 사무국 역할을 담당하고 K-water CEO는 초대 AWC 회장으로 선출되며 아시아 물 문제 해결을 선도하는 글로벌 협력 리딩 기관으로 거듭난다.

K-water는 AWC 출범 이후 아시아지역의 물분야 최고 협의체로서의 위상을 강화하는 데 많은 노력을 기울였다. 먼저 지역의 다양한 물 이슈를 공유·논의하고 지속 가능한 대안을 모색할 수 있도록 각국 정부와 국제기구, 물기업 등을 대상으로 회원기관 확대에 힘썼다. AWC와 K-water 간 전략적 동반자 관계를 설정하고 아시아 국제물주간 회의(AIWW)를 주도적으로 개최하여 아시아 물 문제에 대한 국제사회의 관심 제고와 투자 확대도 이끌었다. 특히 2016년 10월 경북 안동 세계물포럼 기념센터에서 열린 제3차 AWC 이사회에서는 물-에너지-식량 넥서스 공동연구를 위해 K-water와 유엔식량농업기구(UN FAO), 유네스코

(UNESCO), 글로벌워터파트너십(GWP), 한국농어촌공사간 협약을 체결하였다. 또한 AWC와 국제수자원협회(IWRA) 간의 수자원 분야 신규사업 개발, 공동 워크숍, 교육프로그램과 인력교류 등에 관한 업무 협약을 맺는 등 AWC 중심의 국제협력 네트워크 강화 기반을 갖추게 된다.

현재 AWC에 가입한 회원기관은 중국, 인도네시아 등 아시아 정부, UN FAO, UNESCO와 같은 국제기구 등 27개국 151개 기관에 이르며, 세계은행(World Bank), 아시아개발은행(ADB)와도 파트너로 협력 중이다. 또한 워터프로젝트(Water Project)를 통해 참여기관의 물 문제와 정보를 공유하고 사업발굴을 기획하는 등 명실상부한 아시아 대표 물 협의체로 자리매김하고 있다. 이러한 성과를 바탕으로 향후 AWC의 국제기구 격상을 추진하여 기후위기가 낳은 각종 물 문제에 대한 회원국, 전문기관 간 협력과 공감대를 강화하고 연구와 물산업 분야 교류를 확대할 예정이다.

급변하는 세계 물산업 트렌드와 글로벌 워터플랫폼 체계 구축

20세기 동안 전 세계 인구는 3배 증가했지만, 물 취수량은 6.7배 증가했다. 산업 발전으로 세계 경제가 꾸준히 성장하고 인류의 평균 생활 수준이 향상된 결과이다. 글로벌 싱크탱크 Credit Suisse Research Institute(2020)는 향후 물 수요는 2050년까지 현재 대비 35.1% 증가하는 반면 물 공급의 안정성은 기후변화로 인해 지금보다 떨어질 것으로 전망했다. 또한 코로나19로 인해 AI, 디지털 트윈 중심의 디지털 물시장으로의 전환이 가속화되는 상황에서 디지털 기술 역량을 갖춘 일부 국가들의 물 시장 선점 가능성이 높아지고 있다. 디지털 기술의 특성상 초기 개발 비용은 높으나 시장이 확대될수록 평균비용의 하락 폭이 커지는 특징으로 인해 경쟁력 확보가 쉽기 때문이다.

이러한 글로벌 물산업 트렌드는 더욱 커진 환경리스크로 인해 더욱 빨리 변화한다. 과거 세계 물산업은 이상 기후, 자원 부족, 도시화, 산업화, 인구구조 변화 등 예측하고 일부 통제할 수 있는 Normal 요인 속에 있었다. 하지만 최근에는 기후위기, 탄소 중립, 디지털화, 기술 혁신 등의 복잡하고 불확실성이 높은 New Normal 시장 환경이 대세로 자리잡았다. 환경리스크는 기존의 변화 요인의 심각성을 높였고 여기에 코로나19 팬데믹이 더해지면서 전 사회 부문의 질서 재편을 가속화하고 그 속에서 물 이슈도 새롭게 바뀌고 있다.

글로벌 물산업 생태계 트렌드 변화

변화와 위기를 미래성장의 기회로 만들기 위해 K-water 해외사업은 새로운 도약을 준비하고 있다. 바로 상생과 협력 중심의 글로벌 워터 플랫폼 체계를 구축하는 것이다.

먼저 최근 광범위하게 사용되는 플랫폼(Platform)이란 말의 개념을 살펴볼 필요가 있다. '플랫폼'하면 기차를 타고 내리는 승강장을 먼저 떠올리듯이 플랫폼은 공급자와 수요자 등 복수 그룹이 참여해 각 그룹이 얻고자 하는 가치를 공정한 거래를 통해 교환할 수 있도록 구축된 환경을 가리킨다. 즉, 참여자들의 연결과 상호작용을 통해 진화하며, 모두에게 새로운 가치와 혜택을 제공해 줄 수 있는 상생의 생태계로 플랫폼을 정의할 수 있다.(Simon, 2011; 최병삼, 2012; 조용호) 그렇다면 K-water 글로벌 워터 플랫폼의 역할과 효과는 무엇일까? 가장 기본적이고 중요한 플랫폼 역할은 물 부족, 수질 악화, 홍수 등 다양한 물 문제를 겪고 있는 국가와 국내 물기업의 기술 솔루션을 연결해 주는 것이다. 이를 통해 범위의 경제를 실현함으로써 비용 절감 효과를 거둘 수 있다.

K-water는 한정된 인력, 자금을 활용하여 플랫폼 역할을 수행하기 위해 ① 예산 확보 ② 네트워크 강화 ③ 기술력 강화라는 중점 추진 방향을 설정했다. 예산의 경우 환경부 ODA 사업을 대행하여 재원과 콘텐츠를 확보하고 있다. ODA는 사업비를 안정적으로 조달하는 低리스크형 사업으로 다양한 ODA 경험을 기반으로 향후 수력발전, 수도, 신재생에너지, 스마트시티, 해수

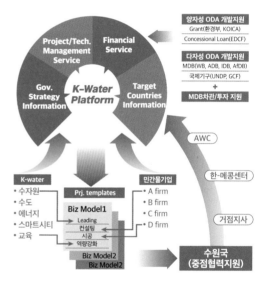

글로벌 워터 플랫폼 체계

담수화 등 5대 중점사업 분야에 대해 현지에 맞는 신규 투자사업을 발굴, 확대할 수 있는 장점이 있다. 이를 위해 환경부 ODA 사업 전담기관인 국제환경협력센터를 유치하여 K-water의 기술 전문성과 해외사업 경

험을 활용한 사업발굴 · 기획 · 실행 체계를 갖추었다.

두 번째 네트워크 강화를 위해 AWC의 플랫폼 기능을 보다 확대하고자
한다. AWC에 참여 중인 회원국의 물 현안과 국제 물시장 정보를 수집
하여 사업을 발굴 · 제안하고 다자간개발은행(MDB) 협력으로 금융
지원과 투자 활성화를 도모할 것이다. 이를 위해 동남아시아(말레이시아)
와 중앙아시아(우즈베키스탄)에 거점본부를 설치하고 미주 · 유럽에
아웃리치센터를 신설하여 현지와 주변국(남미, 아프리카 포함)의 물 동향
을 조사하고 사업의 기본방향을 수립하고 있다. 앞으로 각국 정부인사 및
물기업과의 교류 접점을 확대하여 공동 사업을 위한 협력 네트워크를
강화할 예정이다.

마지막으로 기술력을 보다 강화하고 이를 기반으로 국가별 맞춤형 사업
모델 발굴에 힘쓸 것이다. 수도분야에서는 취수원부터 수도꼭지까지
물 공급 전 과정의 스마트 물관리(Smart Water Management, SWM) 기술을
세분하여 국가의 경제 · 기술 수준에 맞는 사업모델(Business Matrix)
을 수립하고 표준사업제안서에 활용한다. 또한 기후변화와 환경오염에
따른 새로운 도시모델 수요를 감안, 도시 물관리 요소기술을 개발하고
모듈화 적용방안을 정립하여 보다 원활하게 현지 적용을 추진할 예정
이다. K-water는 급격한 글로벌 여건 변화에 대응하여 글로벌 물 문제
해결에 기여하고 국내 물 기업 해외 진출 확대 등을 지속적으로 추진하여
대한민국을 글로벌 물관리 중추 국가로 만들어나갈 것이다.

어젠다-7

4차 산업혁명 기술로 전하는
기후위기 시대 물관리 혁신과 기회의 이야기,

기술R&D

윤 균

인류의 역사는 생존을 위한 기술진보의 역사다. 사회와 인간은 생존에 필요한 기술을 개발하고 진화와 발전을 거듭해 왔다. 기술로 인간의 원초적인 힘과 한계를 뛰어넘고 시대의 고비마다 발생했던 수많은 역경을 극복했다. 기술은 국가의 명운을 가르기도 했는데 항상 기술 혁신을 선도한 국가를 중심으로 세계 질서는 재편되었고 그 국가가 보유한 기술 수준이 개인과 공동체의 운명을 좌우해 왔다. 현대 사회에서 국가와 기업의 경쟁력을 확보하기 위한 기술 경쟁은 인공지능, 빅데이터로 대표되는 디지털 전환과 맞물려서 격화되기도 하고 한편으로 기술과 산업 간 융합을 통해 새로운 가치 창출로 이어지기도 한다.

이렇듯 빠르게 변화하는 기술패러다임 속에서 인간 생활의 필수재이자 사회공동체의 공공재인 물을 효과적으로 또 효율적으로 공급·활용하기 위한 연구개발의 중요성은 커지고 있다. 'R&D(Research and

Development, 연구개발)'에 대해 경제개발협력기구(OECD)는 '인간 · 문화 · 사회를 망라하는 지식의 축적분을 늘리고 그것을 새롭게 응용함으로써 활용성을 높이기 위해 체계적으로 이루어지는 창조적인 모든 활동'으로 정의하고 있다.

대한민국과 K-water의 R&D 역사

우리나라 연구개발 역사는 1966년 한국과학기술연구원(KIST) 설립에서 출발하였으나 정부 차원의 R&D 사업이 본격적으로 체계를 갖춘 시기는 1980년대 이후로 그리 오래되지는 않았다. K-water의 물관리 기술 연구개발은 1992년 K-water 연구원이 기업부설연구소로 인정

K-water연구원 30주년 기념행사(2022년 11월)

받으면서 시작되었고 지난 30여년 동안 많은 성과를 일구어내며 현재까지 이어져 오고 있다. 그간 주요 R&D 성과로는 1999년 표면유속계, 2012년 유역유출모형(K-DRUM), 2013년 상수관망 관리를 위한 통합운영관리시스템(Water-NET), 2017년 수자원 · 물재해 위성정보 플랫폼(WHAP), 2022년 스마트 물관리 플랫폼(Digital GARAM+) 등이 있다.

지금 인류는 기후변화, 코로나19 팬데믹, 디지털 전환, 4차 산업혁명 가속화 등 이전에 없었던 새로운 위기와 도전과제에 직면했다. 기존의 관행과 통념으로는 해결할 수 없는 시대의 급속한 변화를 어떻게 수용

하고 적응할 것인지에 대한 해답은 기술 혁신에서 찾아야 한다. 기후위기 극복을 위한 스마트 물재해 대응시스템 구축과 신재생에너지 전환 확대, 디지털 중심의 물산업 혁신 생태계 조성 등 물관리 혁신은 기술 R&D를 거치지 않고서는 이뤄낼 수 없는 패러다임의 문제이다.

K-water는 지난 1999년 기술경영체계를 도입하면서 창립 이후 최초로 '기술선진화 종합계획 TAMP21(Technology Advancement Master Plan 21)'의 기술 R&D 전략을 수립하였고 이후 변화하는 대내·외 여건을

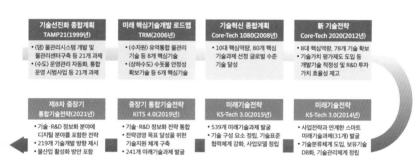

K-water 통합기술전략 수립 주요 연혁

K-water 통합기술전략 비전과 방향

반영하여 총 9차례에 수정 · 보완 작업을 거쳤다.

최근 발간된 '중장기 통합기술전략(2022년~2026년)'에서는 유역의 홍수, 가뭄 등 재해 예방으로 '국민 관점의 통합 물관리'를 실현하고 국민이 언제나 신뢰할 수 있는 '안전하고 깨끗한 수돗물'을 공급하는 한편, 4차 산업 핵심기술을 활용한 '물산업의 새로운 가치'를 창출하는 것을 비전으로 설정하였다. 비전과 목표 달성을 위한 체계적인 방법과 로드맵을 수립하고자 대내 · 외 전문가들이 공사의 보유기술에 대한 수준 평가를 실시하여 그 결과를 반영하고, 다양한 기관에서 발행한 미래전망 리포트 등을 종합 · 분석하여 STEEP(사회, 기술, 경제, 환경, 정치)별 메가트렌드를 도출했다.

내부적으로는 중장기 전략경영계획을 검토하여 R&D 방향을 설정하고 보유기술 현황, 선진국과의 기술격차 등을 자체 평가하여 기술 개발 과제를 선정하게 된다. K-water와 선진기관의 요소기술 비교 · 대조를 통해 기술 개발 과제 유형을 '고도화', '추격형', '선도형', '초격차' 4가지로 구분해 기술 개발의 목적과 방향을 보다 구체화해 제시했다.

World Top 기술경쟁력 확보를 위한 K-water의 과제

K-water 기술 R&D 전략은 크게 5 Star 미래성장사업의 '5대 핵심기술'과 물순환 전 과정의 운영 · 관리를 위한 원천기술인 '7대 일반기술'로 구분된다. 각 기술별로 정책 방향, 국내 · 외 개발 동향, 보유기술 수준,

기술 개발 과제 분류

향후 추진목표와 세부 개발과제까지 상세하게 검토하여 전략을 수립하였다. 먼저 ① 물에너지 ② 그린수소 및 탄소중립 ③ 도시홍수 ④ 디지털 전환 ⑤ 초순수 등 5대 미래성장사업의 핵심기술 R&D 전략은 다음과 같다.

청정 물에너지에서는 '수십MW급 수상 태양광 발전소 운영 및 이용률 향상', '수열냉난방 요소기술 개발 및 실증' 등 수상태양광 및 수열에너지 분야 11개 기술과제에 75.5억 원을 투자할 계획이다. 그린수소는 생산 시스템 기술 개발·고도화 및 탄소중립 모델 정립 등에 필요한 12개 세부 R&D 과제를 선정하고 43억 원을 집중 투자한다. 도시홍수 예방을 위해 기상 관측 및 예측 기술을 고도화하고 디지털 기반 지능형 예방체계를 구축할 계획이며 이를 위해 10개 과제에 67억 원 규모의 R&D를 추진할 예정이다. 디지털 전환 비즈니스 모델 창출을 위해 디지털 물관리 기술 개발과 물데이터·기술 개방 공유 확대를 위해 13개 과제에 164억 원을 투자하게 된다. 마지막으로 초순수 분야에는 설계·운영 분야

100% 국산화를 달성하고 초순수를 포함한 맞춤형 공업용수 생산·공급 체계 확립을 위한 최적 기술을 개발하기 위해 9건의 과제에 116억 원 투자계획을 수립하였다.

일반기술 7대 분야는 물순환 전 과정의 운영관리 기술을 보다 고도화 하는 것을 목표로 한다. 먼저 ① 댐-하천 연계 수문조사·분석은 유역 물 수요량과 공급 가능량을 비교하여 유역 물순환을 체계적으로 모니 터링하고 수문조사 자료의 품질을 향상시킬 계획이다. 이를 통해 통합 물관리 기반을 구축하고 수자원 최적 활용을 위한 의사결정을 지원할 수 있다. ② 댐 리노베이션은 AI·빅데이터·드론 등 스마트 기술을 활용 한 댐 구조물 점검·안전 관리 기술과 댐 안정성을 향상시키기 위한 보수·보강 기술을 개발하는 것이 주 내용이다. ③ 물환경 개선은 수리· 수질 모형과 빅데이터 분석을 통해 수질을 사전에 예측하고 생태계 복원

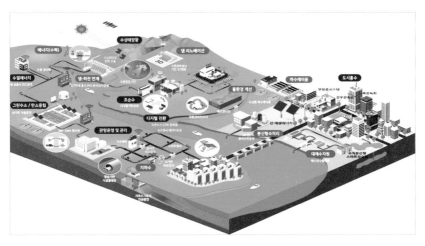

K-water 기술 R&D를 통한 미래상

및 친환경 수처리, 수질 측정·분석 등 수질 관리를 고도화하는 기술을 포함한다. ④ 지하수 관리는 지하수의 기초조사를 통해 확보한 지하수 부존량 및 산출특성을 종합적으로 분석하고 이를 활용하여 적정 지하수를 공급하는 기술을 개발하는 것, 그리고 ⑤ 대체수자원은 하·폐수 재이용, 해수 담수화 기술을 확보하여 수원(水源)을 보다 다양화하고 지속 가능한 물순환 체계 구축을 목표로 한다. ⑥ 정수장 관망운영은 구조해석 등을 통해 관로상태를 진단하여 솔루션(계속 사용, 보수·보강, 교체 등 종합적 개량의사결정)을 제공하는 기술과 유수율 향상 및 소규모 분산형 용수 공급시스템 기술 등을 포함한다. 마지막으로 해외기술 의존도가 높은 ⑦ 수력발전은 중규모 이상 플랜트의 설계 시험 제작기술을 국산화하고 조력발전소는 발전기 성능 검증과 최적 운전기술 개발을 통해 발전량 증대방안을 강구할 계획이다. K-water는 기술R&D 전략을 성공적으로 이행하여 세계 최고의 수처리기술을 보유한 World Top K-Technology를 실현할 것이다. 언제나 그랬듯이 물재해 예방과 안전하고 깨끗한 수돗물 공급, 물산업의 새로운 가치 창출로 기후위기 시대를 헤쳐나가는 새로운 해법을 찾아낼 것이다.

K-water

미래 대도약과 지속 가능한 성장으로 가는
희망의 사다리,

미래인재 육성

정연석

코로나19의 확산으로 전 세계가 움츠러들었던 지난 2020년 K-water는 과감하게 '세계 최고의 물종합 플랫폼 기업'을 새로운 비전으로 수립하고, 기후변화, 코로나19 등으로 불확실성이 높아진 미래 글로벌 물관리를 이끌어 나갈 것을 선포하였다. 이는 1967년 한국수자원개발공사로 창립한 K-water가 국가 전체 용수공급의 61%(125억㎥/년), 홍수조절의 94%(53억㎥/년), 국가 수도시설 용량의 48%(17.7백만㎥/일)를 담당하고, 국내 최대 신재생에너지(1.41GW 운영)를 생산하는 명실상부한 국내 최고의 물종합 전문기관이기에 가능한 도전이자, 국민이 신뢰하는 물 전문가가 되기 위해 부단히 자신의 역량을 계발하고 있는 K-water人에 대한 믿음을 기반으로 내린 결정이다. 하지만 새로운 비전을 실현하기 위해서는 점점 심각해지는 기후변화, 코로나19가 앞당긴 디지털 전환, 자기 주도적인 MZ세대의 사회진출 등 많은 사회적·조직적 변화를 스스로 극복해 나가야 한다. '나는 기계나 건물이 아닌 사람을 주목했다'는 피터 드러커(Peter Drucker)의 메시지처럼 물관리 뉴노멀(New Normal) 시대 K-water의 가장 큰 과제 중 하나는 혁신적 미래인재 육성이다.

인재육성 변화의 흐름과 K-water의 준비

K-water는 1982년 대전에 인재개발원을 설립했다. 이곳에선 K-water의 물관리 역사, 실무 전문가, 풍부한 현장 인프라를 바탕으로 강의-현장견학-실습을 결합한 체화형 교육을 제공했다. 또한 수원(水源)에서 수도꼭지까지 물관리 전 과정을 아우르는 종합적 물 교육을 통해 임직원의

송산글로벌교육연구센터 전경

직무역량도 강화해왔다. 우리나라 국민과 공무원뿐만 아니라 해외 관계자를 대상으로도 국제교육 등을 진행하며 국내·외 물전문 교육기관으로 자리매김했다. 1997년 개발도상국 공무원과 물인프라 기술자들에게 처음 국제교육을 시작했는데 이때부터 한국국제협력단(KOICA), 세계은행(WB) 등과 협력하며 100여개 국가와 6,000여 명의 동문 네트워크가 생겼다. 2022년에는 인천공항과 수도권에 인접해 국제적으로 접근성을 갖춘 송산글로벌교육연구센터를 개관하며 글로벌 물교육 선도기관 도약의 미래를 밝혔다.

마셔도 안심할 수 있는 수돗물, 깨끗한 재생에너지로 움직이는 친환경 도시, 기후위기에도 안전한 공간은 우리 국민 누구나 바랄 것이다. 또한 국가 경쟁력의 핵심인 반도체 생산 공정에 꼭 필요한 초순수를 국내 기술로 생산하고, 디지털 기술이 접목된 생활편의를 일상적으로 누릴 수 있게 된다면 국민들의 자부심과 삶의 질 향상에 지대한 영향을 미칠 것이다. K-water는 조직의 비전에 이와 같은 국민들의 열망을 담았다. 그리고 이 비전을 현실로 만들기 위해서는 새로운 방식의 인재육성이 필요하다. 2022년 5월에 열린 세계 최대의 인재개발 콘퍼런스인 ATD22 (Association for Talent Development)에서 글로벌 인재육성 전문가들은 다양성이 인정되는 공정하고 포용적인 조직, 공감이 바탕이 된 리더십, 직무 전문성 강화, 디지털 전환을 통한 일과 학습의 병행 등이 미래인재육성에 꼭 필요한 요소라고 강조하였다. K-water 인재육성 분야를 개선하고자 2년간 각고의 노력을 펼쳐왔다. 2022년, 대내외 전문가 70여 명이 참여한 인재육성 혁신단을 ATD22 시기에 맞춰 운영했으며, K-water 인재육성 비전 'K-water 축의 전환(Pivoting)을 리딩하는 글로벌 물교육 플랫폼'을 천명하고 4개의 어젠다를 제시하며 글로벌 물관리 인재육성의 시작을 알렸다.

첫 번째 물결: 지식, 공감, 포용이 녹아든 K-Spirit

시대에 따라 필요한 인재상(像)은 바뀌어 왔다. 어떤 시대는 특정 분야의 높은 전문성을 갖추기(Specialist)를 원했고, 혹은 여러 분야를 두루두루 아는 사람(Generalist)이 중요하게 여겨지던 시절도 있었다, 오늘날은 전문성과 함께 다양한 분야를 융합할 수 있는 인재(T자형)를 선호하는 추세다.

K-water의 물관련 사업영역은 다각적이고 다양하다. 기후위기에 직면한 전대미문의 시대, K-water가 물의 가치를 새롭게 창출하기 위해 필요한 건 융합형 인재부터 육성하는 일이었다. 이를 위해 먼저 교육과정을 수준별 (초급-중급-고급)로 나눈 뒤 하위단계를 이수해야 상위단계를 학습할 기회를 제공해 전문성을 체계적으로 키울 수 있도록 했다. 또 수자원, 수도 등 다양한 분야를 균형적으로 학습한 직원이 관리자로 승진할 기회를 갖도록 교육과 인사를 연계했다. 여기에, 직무부터 인문소양까지 자기 주도적 학습을 위한 다양한 교육 플랫폼(新교육포털, 북러닝, 마이크로 러닝)도 운영 중이다.

K-water 인재 육성의 또 다른 목표는 세대를 막론한 소통과 공감의 리더십 창출이다. 이에 따라 기존 관리자에게 한정되었던 개인역량 진단을 모든 직원을 대상으로 확대 실시하고 리더십 교육 커리큘럼도 확장해 초기 자율적 리더에서 협업적 리더로, 마지막 촉진적 리더까지 '리더 성장 로드맵'을 마련했다. 직원 누구나 자신의 리더 역량을 자율적으로 진단하고 준비할 수 있는 온라인 종합역량진단 센터도 구축을 준비 중이다.

2022년 전직원 특별교육 현장

마지막으로 K-water는 글로벌 기업으로 도약하는 핵심 조건인 미션, 비전, 핵심가치와 조직문화 내재화에 힘쓸 것이다. 2022년에는 임직원 3,000여 명이 참여한 대규모 오프라인 조직문화 특별교육을 성공적으로 완료했는데, 앞으로는 메타버스 가상공간을 활용하여 지식, 공감, 포용이 녹아든 K-Spirit을 만들어 나갈 것이다.

두 번째 물결 : 물-에너지-도시 넥서스 인재

기후변화 심화 이후 온실가스의 감축, 물재해 대응, 안전한 삶터 제공은 개별 과제가 아닌 동시에 해결해야 할 복합적 문제다. 이를 위해 K-water 는 '물-에너지-도시 넥서스'를 제시하고 K-Study라는 학습 모임을 자발적으로 조직했다. 이 모임의 목표는 초순수, 디지털전환, 물에너지 등 미래 분야에 대한 직원들의 관심과 참여를 유도하는 것이다. 이와 함께, 2022년 기초부터 글로벌 전문가 수준까지 망라한 K-Professional 과정을 운영하여 유역통합 물관리, 탄소중립, 스마트도시 등 주력사업 분야의 전문가 90여 명을 배출했다. 앞으로는 K-Study와 K-Professional 과정이 연계될 예정이다.

기후변화 대응의 해법으로 부상한 물관리 디지털 전환 분야의 전문인력도 2020년 시작 이후 3년 만에 1,100명을 육성했다. K-water는 향후 신입사원부터 리더까지 맞춤형 디지털 교육 로드맵을 재정립하고, 국내 최고 수준의 디지털 전문교육 기관과 교육과정을 공동 개발하며 우수 지식기술을 오픈 소스로 공유할 예정이다. 마지막으로 댐, 하천, 도시

홍수까지 연계된 직무교육을 강화하여 어떠한 물재해가 와도 국민을 안전하게 지킬 수 있는 역량을 키운다는 방침이다. 이를 위해 K-water는 선제적으로 '통합운영 관리' 자격인증제를 도입하고 국가 자격제도로 단계별 확대를 추진한다.

세 번째 물결 : 디지털 물교육의 메카

코로나19로 집합교육은 축소됐다. 인재 육성을 어렵게 하는 위기 요인 중 하나였지만 반대로 생각해 보자면 오프라인 중심의 인재 육성 프로그램을 온라인에서 실현할 수 있는 기회이기도 했다. 코로나19 이후 K-water는 2020년 비대면 학습을 위한 기본 인프라를 신속히 구축하고, 모든 교육 과정을 100% 온라인으로 수강할 수 있도록 디지털 교육인프라 투자를 확대했다. 이를 위해 일과 학습의 병행을 지원하는 온라인 전용

K-water 디지털 교육 인프라

강의실과 다양한 온라인 콘텐츠 제작 및 방송이 가능한 전문 스튜디오, 온·오프라인 병행 하이브리드 러닝실, 학습자간 토론과 문제해결 중심의 학습이 가능한 TBL-PBL 강의실 등을 구축했다. 이를 기반으로 짧게 교육하는 마이크로 러닝(Micro Learning)부터 온·오프라인이 결합한 블랜디드 러닝(Blended Learning) 등 다양한 형태의 교육과정도 운영하고 있다. 또한, 사이버 소통과 다양한 실습이 가능한 메타버스 시범 과정도 2022년 가상의 인재개발원에서 성공적으로 진행하였다. K-water는 향후 국내 최고 수준으로 디지털 교육인프라를 지속 확대하여 직무역량부터 인문 소양까지 다양한 형태의 물교육 전문과정을 운영 하려고 한다.

네 번째 물결 : 교류와 협력으로 존경받는 글로벌 물교육 플랫폼

1997년 시작한 국제교육과 교육컨설팅은 양적으로 크게 성장해 왔지만, 교육 후 동문 관리와 컨설팅 프로젝트 이후의 후속 사업 연계는 아쉬운 부분으로 남는다. 그래서 K-water는 대륙별 물지식 교류 거점을 만들 고자 개발도상국 교육컨설팅 후 해당국에 교육원이 건립될 수 있도록 국제기구와 적극 협력하고자 한다. 방글라데시와 우즈베키스탄이 그 출발 사례가 될 것이다.

또한, 온·오프라인의 정례적인 동문 모임을 개최하고, K-water 해외 사무소 및 공관 등과 함께 동문 네트워크가 지속 활용될 수 있도록 시스템을 구축할 예정이다. 연간 참석자가 5만여 명에 이르는 국민과 공무원 대상 물 교육 역시 다양한 교육 수요에 더욱 적극적으로 대응할 수 있도록 국민들을 대상으로 K-water 오픈 캠퍼스 등 참여형 물 교육을 확대하고, 생애주기를 고려해 학령·수준별로 차별화된 교육과정도 준비 중이다. 공무원 교육은 기존 법정 교육 이외에도 물-에너지-도시 넥서스와 같이 미래 물관리 어젠다와 연계한 전문 과정과 정부의 하천 관리 정책에 맞춘 대표 교육프로그램을 추가할 계획이다.

2022년 송산글로벌교육연구센터 개관은 K-water의 미래 인재 육성에 중요한 한 축이자 전환점이다. 이곳에선 사내 직무교육을 진행하고, 인근에 위치한 세계 최대 규모 시화조력발전소, 시화생태지구 등과 연계한 대국민 환경교육 과정을 개설해 첫해에만 국내·외 교육생 1,500여 명을 배출하였다. 또한 인근 대학, 국제기구 등과 업무협약 (Memorandum of Understanding)을 체결하고 베트남 수자원 교육 연구소, 세계은행 한국사무소와 공동 워크숍을 개최했다. 특히 송산 글로벌교육연구센터에는 글로벌 물 문제를 연구하는 유네스코 물안보센터 (UNESCO i-WSSM)가 입주했다. K-water는 연구센터에 물산업 유망 스타트업을 추가로 입주시키고, 글로벌 물교육 프로젝트를 선도하는 유네스코 카테고리 I(UNESCO CATEGORY I) 기관을 성공적으로 유치 할 수 있도록 정부 등 관계 기관과 협력해 나가겠다.

2022년 업무보고에서 CEO는 "직원의 역량이 곧 조직의 역량"임을 강조한 바 있다. 인재 육성은 어떤 순간에도 포기해서는 안 되고, 위기 일수록 더욱 빛을 발하는 경영가치임을 명쾌하게 설파한 것이다. 창립 반세기가 넘은 K-water가 많은 어려움을 극복하고 명실상부 대한민국 유일의 물종합 전문기관의 위상을 이룩한 데는 많은 성공 요인이 있겠지만 결국 그 시작과 끝은 임직원의 손에 달려있다. 따라서 급변하는 경영환경에 발맞춰 끊임없이 구성원 역량을 강화하는 조직적 노력이 필요하다. 이를 위해 K-water는 2027년까지 다음과 같은 인재육성 미래상을 완성할 방침이다. 먼저, 물-에너지-도시 넥서스를 선도하는 K-Professional 전문가 1,000명과 반도체 분야의 국가 경쟁력을 뒷받침하는 초순수 사업 운영 전문가 300명을 육성하겠다. 하천관리 분야에 국가공인 자격 인증제를 도입하고 내부 전문가 500명을 키워내는 한편, 메타버스 기반의 디지털 인재개발원으로 변모하여 글로벌 벤치마킹의 대상으로 자리매김할 것이다. 마지막으로 국제교육 참여 국가와 동문 규모를 각각 150개국, 1만 명으로 확대하고 송산글로벌교육연구센터를 연간 1만 명이 교육받는 물교육 허브로 만들 것이다. 이를 통해 국민의 물안전과 물복지를 책임지는 K-water는 세계 최고의 물종합 플랫폼이자 물 교육 플랫폼 기업으로 도약할 것을 국민들에게 약속한다.

K-water

어젠다-9

위기와 전환을 함께 헤쳐나가는
연결과 공유의 힘,
협력 거버넌스

양지아

거버넌스(Goverance)의 개념은 시대에 따라 변화한다. 과거에는 정부
중심의 하향식 의사결정이 주를 이뤘지만 최근 들어서는 시민사회의
참여를 통한 상향식 대안 제시와 문제 해결방식이 주목받고 있다. 물은
오랜 기간 형태를 달리하며 여러 지역에 걸쳐 움직인다. 이런 물순환의
시·공간적 특성에 따라 물관리 분야에서도 다양한 이해관계자가 등장
하고 각 주체의 적극적 참여와 상호협력을 통해 물 갈등을 조정·해결
하고자 하는 거버넌스 중요성은 점점 커지고 있다. 우리나라도 통합 물
관리를 실현하고 국가차원의 물 거버넌스 체계를 구축하고자 2019년
국가물관리위원회가 출범했다. 또한 유역 단위에서도 유역물관리위원회
활동을 통해 다양한 계층의 이해관계자가 참여하는 거버넌스 중심의
물관리로 진화하는 중이다.

거버넌스의 개념과 운영 일반

OECD 물 거버넌스

OECD는 물 거버넌스를 "정책 수립·집행 과정에서 다양한 이해관계자들이 자신의 이해와 물에 대한 관심을 표출하고 의사결정자들은 책임 있게 의사결정을 할 수 있는 다양한 정치적, 제도적, 행정적 규칙·관행·제도·(공식, 비공식) 절차들"로 정의하고 있다. 물 거버넌스의 핵심 3대 원칙은 다음과 같다.

① **효과성** : 정책의 목적과 목표 달성을 위해 정부가 모든 수준의 분명하고 지속 가능한 물 정책의 목적과 목표를 규정하는 것
② **효율성** : 최소한의 사회적 비용으로 지속 가능한 물관리 편익과 후생을 극대화하는 것
③ **신뢰와 참여** : 대중적 신뢰를 형성하고, 사회 전반에 걸친 민주적 정당성과 형평성을 통해 이해관계자의 참여를 보장하는 것

기후변화 적응 거버넌스

2022년 3월 기후변화에 관한 정부 간 협의체(IPCC)의 제6차 평가 주기(AR6) 제 2실무그룹(WGII)은 '기후변화 2022 영향, 적응 및 취약성'에 관한 보고서를 발간하면서 기후변화의 주요 리스크로 '물 부족'과 '수자원 안정'을 선정하고 물 사용 효율성 및 수원 관리를 대응 옵션으로 제시한 바 있다.

기후변화에 적응하기 위한 방안으로 수자원 관리 이슈가 국제적으로 부각되면서 우리나라 물 전문기관인 K-water의 역할도 중요해졌다. 기후변화 적응을 위한 거버넌스는 '다양한 주체와 부문 間 관리·조정으로 관련 정책을 효과적으로 수립, 이행하게 하는 의사결정 체계'라고 정의할 수 있다(Termeer et al, 2011). 자연환경의 물리적인 변화에 대응하고 사회경제적인 질서 재구축의 기회로 거버넌스를 활용하려한다면, 기후변화 적응 대책 수립과 이행 과정에서 다양한 이해관계자의 수요를 파악하고 이를 정책에 반영하는 과정이 선행되어야 한다. 거버넌스에 다양한 참여자를 구성하는 것으로 정책 추진의 투명성, 민주성이 곧바로 담보되는 것은 아니며 참여의 과정과 방법도 중요한 요소로 작용한다. 즉 정책 결정 과정에서 참여방식, 제공되는 정보의 활용, 의사결정에 있어 영향력 등을 각 참여 주체들이 이해하고 공유하는 것이 매우 중요하다.(Lim et al. 2004)

거버넌스 의사결정에 있어 이해관계자의 역할, 권한, 영향의 정도에 따라 참여 유형을 ① 정보 제공 ② 자문 ③ 기능적 참여 ④ 상호작용적 참여로 구분할 수 있다. K-water에서 운영하는 거버넌스의 대다수가 정보 제공과 자문의 역할을 수행하고 있다. 이보다 확장된 단계인 '기능적 참여'는 결정된 정책목표를 달성하는데 이해관계자가 조력하는 것으로 정책에 대한 지지를 확보하여 원활한 집행이 이루어질 수 있도록 한다. '상호작용적 참여'는 이해관계자가 분석과 실행계획 수립에 직접 참여하고 공동의 목표를 달성하도록 통제의 권한을 가지는 수준으로 정책에 대한 일종의 공동 소유권을 가진다.

실제로 K-water의 보현산댐 거버넌스는 장기간 운영을 통해 '기능적 참여'에서 '상호작용적 참여'로 이해관계자의 역할과 영향이 확대되면서 거버넌스 구축의 모범사례로 평가받고 있다. 여기서는 보현산댐 거버넌스 사례를 통해 올바른 공공기관 거버넌스 운영에 대한 단초를 고민하고자 한다.

보현산댐 거버넌스 현황과 추진 활동

경북 영천에 위치한 보현산댐은 댐 준공 후 2015년 본격적으로 담수를 시작하면서 녹조 문제가 크게 불거졌다. 강우 시에 댐 인근 마을과 농경지, 축사에서 배출하는 다량의 오염물질이 하수처리를 거치지 않고 그대로 저수지에 유입되면서 녹조가 급증한 것이다. 이에 K-water는 2019년 '보현산댐 물환경관리 종합대책'을 수립하고 댐 상류 오염원의 82%를 차지하는 과수원 퇴비를 녹조의 주원인으로 분석하였다. 따라서 물환경 개선을 위한 대안으로 친환경 농법, 특히 땅속에 퇴비를 넣어 유출되는 양을 줄이는 심층시비의 보급 방안을 검토하였다. 하지만 댐주변 주민들이 신규 농법에 대한 불안감과 과실에 미치는 영향이 검증 되지 않았다고 이의를 제기하면서 댐상류 수질개선 대책의 실행은 난관에 봉착하게 된다. 이에 물환경 개선을 위해서는 댐주변 주민 참여의 중요성을 인식하고 주민, 전문가, 공공기관,

심층시비 농법(천공작업)

표 1. 보현산댐 거버넌스 구성도

지자체, 시민단체, 민간기업 등이 참여하는 民 주도형 거버넌스를 구축하였다. 지역문제 해결을 위해 지역주민과 공동체 중심의 협업플랫폼이 마련된 것이다.

당시 지역주민들은 K-water가 제안한 물환경 개선 대안에 대해 '심층시비가 과수작물의 품질을 보장할 수 없다는 불안감', '재배와 판매 과정에서 노동력의 가중', '개선 노력에 대한 반대급부 부재(不在)', '수질 관리는 K-water의

과수 생육 및 과실 품질조사

몫' 등의 불만이 있었다. K-water는 지역주민들과 다양한 방법으로 소통하면서 물환경 개선 활동에 대한 인식을 제고하고 주민 참여를 이끌어내기 위해 워크샵, 교육, 소위원회 등을 운영하였다. 기획부터 성과도출까지 全 과정 주민참여로 주체성을 확보하고 심층시비로 생산한 과실의 품질 연구, 농법 효과 검증 등 정확하고 투명한 정보 공개에 힘을 쏟았다. 또한 지역주민 수질감시 일자리를 제공하고 '맑은물지키기

브랜딩(워터레인저)' '직매행사'와 같은 가치소비 마케팅을 확대해 지역경제 활성화에 보탬이 되고 주민들에겐 참여 인센티브도 제공했다. 이 같은 활동은 영천시 농업기술센터와 시민단체, 대학, 민간기업으로 구성된 주요 워킹그룹 협업을 기반으로 전개했는데, 심층시비 사용 농가의 참여가 확대되었고 상류 오염원 저감을 통한 가시적인 수질 개선 성과도 거둘 수 있었다. 보현산댐 거버넌스의 특징과 성과, 그리고 앞으로 나아가야 할 방향을 알기 쉽게 정리해보자면 다음과 같다.

맑은물지키기 브랜드

직매행사

- **명확한 비전과 목적 설정**

  댐 상류 주민자율관리 마을(가칭 '물맑은 명품마을')을 육성하여 깨끗한 마을환경 조성, 친환경 농산물 브랜드 육성 등 주민 삶의 질을 향상하고 오염원 저감을 통한 실질적인 물환경 개선에 기여하겠다는 명확한 비전과 목표의 설정

- **구성원의 기능과 역할 정립**

  지속적인 소통을 통해 거버넌스 구성 주체별 구체적인 기능과 역할을 정립하고 마을공동체가 주도하고 K-water가 지원하는 기본 형태에 지자체, 지역대학, 민간기업, 시민단체 등과 다층적 협업체계 구성 → 거버넌스 구성원 간 잠재적 갈등을 예방하고 결정 사안 이행의 책임성 부여

■ 수평적이고 협력적인 관계 구축

거버넌스 참여자 간 조정이 필요한 사안은 소통을 통해 충분한 논의와 해결과정을 거침으로써 수평적이고 협력적인 관계 구축. 의사결정이 필요한 사항은 거버넌스 주체들이 참여하는 대면회의 또는 워크숍에서 결정

■ 참여주체의 다양화

지역주민, 시민단체, 대학교, 민간기업 등 다양한 주체들이 참여하는 워킹그룹을 구성하여 실행력 확보(워킹그룹 참여는 행정안전부가 지원하는 지역문제 해결 플랫폼에서 선정, 지원)

■ 거버넌스 활동의 지속가능성

장·단기로 추진과제를 구분하여 체계적인 물환경 개선 활동체계를 구축, 2019년부터 현재까지 장기간 거버넌스 유지 및 거버넌스 참여자에게 제공되는 정보의 투명성과 객관성 확보 중요

기후위기 시대, 물과 기후와 관련된 거버넌스 활동은 시민들의 일상에 큰 영향을 미칠 수 있다. 따라서 과거처럼 시민사회의 역할이 정부 서비스를 받는 정도로 머물러선 안된다. 시민들이 거버넌스 활동 주체로 참여해 서로 위기를 인식·공유하고 문제해결과 사회 전환의 방향을 모색해야 한다. 앞으로 K-water는 공공기관, 시민, NGO, 민간기업 등 사회 구성원과 신뢰와 협력 기반의 물거버넌스를 구성·운영하여 기후위기 시대를 헤쳐나가는 핵심역량으로 활용할 것이다.

K-water

어젠다-10

공감과 존중의 언어로 소통하고
변화와 성취를 일상으로 즐기는

조직문화 혁신

정미영

'100년 기업 K-water'를 향한 출발선에 7,000여 명의 K-water人이 서 있다. 이들은 기후위기를 기회의 발판으로 삼아 ESG 기반의 가치경영으로 혁신을 지속하고 디지털 전환을 통한 물관리의 새로운 지평을 열어 5 Star 미래성장의 꿈을 향해 달려가고자 한다. 목적지에 이르는 짧지 않은 여정을 꾸준히 달려가면서도 때로는 속도를 높이기도 낮추기도 하며 모든 구성원이 한마음, 한뜻으로 움직여야 한다. 개개인의 다양한 개성과 가치관을 존중하되 조직의 구성원으로서는 공통된 신념, 방향성을 가지고 가야 가능한 일이다. 우리가 조직문화를 강조하는 이유가 여기에 있다.

하나의 조직 속 넓은 차이의 스펙트럼

조직문화 연구는 기업의 생산성, 성과 증진의 해법을 작업 관리나 성과급 체계와 같은 기존 경영기법의 테두리를 벗어나 경영이념, 핵심가치, 일에 대한 규범·태도 등에서 찾아야 한다는 파격적인 발상에서 시작되었다. 우리는 보통 조직문화를 이야기할 때 해당 조직의 제도와 정책, 특유의 관행과 구성원의 행동양식을 떠올리는데 조직문화 분야 권위자인 샤인 (Edgar Schein) 교수의 연구 분류에 따르면 이는 '가시적 수준의 문화' 이다. 구체적으로 조직구조나 전략, 급여제도, 사무실 배치, 유니폼 등이 이에 해당한다. '가시적 수준의 문화'의 바탕이 되는 조직의 가치관을 '인식적 수준의 문화'라고 한다. 이보다 더 근간이 되는 것은 너무나 당연하여 평상시에는 조직 구성원들이 의식하지 않지만, 특정 사건이나 상황에서는 의식의 영역으로 떠오르게 되는 '전의식(前意識) 수준의 문화'이다. 구체적인 예를 들면 사무실 내 직위나 직급을 고려한 자리 배치는 '가시적 수준의 문화'이고 이는 곧 직위·직급 간 위계질서를 중시하는 조직의 '인식적 수준의 문화'를 나타내는 것이며, 결국 선배나 연장자에 대한 예의를 갖추는 것을 당연한 생활양식으로 받아들여 온 한국인의 '전의식 수준의 문화'가 표출된 것으로 볼 수 있다.

조직문화는 조직이나 집단의 구성원이 가치관, 신념 등 의미 시스템을 공유하는 것이다. 이것을 통해 구성원들은 주변 환경이나 특정 상황에 대해 공통의 해석을 도출하고 그에 적합한 행동을 취함으로써 조직을 생존케 한다. 또한 의미 체계의 일치와 행동 양식의 통일 과정에서 구성원은 동질감, 친근감을 느끼고 조직 소속감과 정체성을 형성할 수 있다.

이는 결국 조직과 구성원을 일체화시키고 조직 몰입도의 향상으로 이어진다. 마지막으로 조직문화는 조직의 효율성과 안정성에 기여한다. 모든 업무와 절차에 대해 일일이 지시하지 않더라도 구성원의 태도와 행동에 대한 불문율로 작동하고 조정 역할을 수행하기 때문이다. 이렇듯 조직문화는 기업이 경영활동을 영위하고 성과를 창출하는데 다양하고 중요한 역할을 담당한다. K-water가 미래 어젠다를 논의하면서 조직문화 혁신을 빼놓을 수 없는 이유다.

최근 공무원 사회나 기업에서 586세대부터 X세대, MZ세대 간의 가치관과 일하는 방식 등의 차이가 조직문화 주요 이슈로 언급되고 있다. K-water는 여기에 각 사업별 특성과 다양한 직종까지 더해야 한다. 그러다 보니 세대뿐만 아니라 직종별, 사업별, 직급별 등 차이의 스펙트럼이 너무 넓어진다. 물론 구성원 각자 처한 환경이 다르기에 차이는 옳고 그름의 문제가 아니라 다양성이라는 측면에서 봐야 한다. 조직문화의 관점에서 '다양성과 차이'는 주어진 환경에 공통의 의미를 부여하고 이를 조직의 역량으로 모으는 데 영향을 줄 수 있다. 결국 바람직한 조직문화 형성은 다양한 구성원 간 서로의 다름을 이해하고 인정하면서도 조직이 처한 내·외부 환경에 대한 집합적 문제의식을 형성하고 '변화에 능동적인' 방향으로 구성원이 행동 의지를 모아내는 것이 관건이다.

구성원 모두가 함께 변화를 만들어가는 K-water 조직문화

K-water는 구성원들의 자부심을 고취하고 주도적으로 행동할 수 있는 일터를 만들기 위해 '모두 같이 일하고, 모두 같이 행복한 K-water'를 캐치프레이즈로 하는 조직문화 혁신 체계를 정립해 추진하고 있다. 매년 전 직원 대상 조직문화 지수(믿음, 존중, 공정성, 자부심, 재미)를 측정·분석하고 상대적으로 취약한 분야 또는 구성원 그룹에 대해서는 별도의 조직문화 프로그램을 적용하여 피드백을 강화하고 있다.

Work Pride	일하는 방식 혁신	People Pride	개인과 조직이 함께 성장하는 일터
Communication Pride	구성원이 주체가 되는 참여와 소통	Digital Pride	디지털 업무환경 적용

2022년 조직문화 혁신 4 Pride : Work/People/Communication/Digital

'조직문화 혁신 4 Pride' 체계는 구성원들에게 소속감과 정체성을 부여하고, 구성원의 다양한 목소리에 귀 기울여 소통하며, 누구나 주체가 되어 자부심을 갖고 일터의 변화를 주도해 나가는 활동들로 구성되어 있다. '변화에 능동적인 조직문화'를 위한 대표적인 사례를 소개하면 다음과 같다.

먼저 익명성의 장점을 활용한 거침없는 쌍방향 소통채널 '톡톡水談'이다. MZ세대(1980년대 초~2000년대 초 출생)는 디지털 환경에 익숙하고, 투명하고 공정한 기준을 중시하며, 개인주의 성향과 원하는 것을 명확히 표현하는 특성이 강하다. 2022년 현재 K-water 전체 구성원 중 절반 이상이 MZ세대로 기존의 실명, 대면 중심의 간담회 방식으로는 활발한 의사소통에 한계가 있었다. K-water는 이에 온라인 소통, 즉각적인 피드백을 선호하는 구성원 다수의 수요를 고려하여 변화를 시도하며 톡톡水렴 게시판을 열었다. 구성원 누구나 톡톡水렴 게시판에 일상의 불편함, 업무의 비효율성, 불합리한 제도 등 주제의 제한 없이 의견을 제시할 수 있다. 특정 게시글에 다수 구성원이 공감하면 청원이 성립되어 담당 부서장이 공식 답변을 하게 되는데, 이 과정에서 제안자 외 다른 직원들도 댓글을 달며 생산적인 토론이 가능하다는 장점이 있다.

청원 신청	청원 성립	공식 답변	전사 피드백
• K-water 구성원 누구나 의견 제시 (익명 운영)	• 2주 간 공감수 집계 • 100명 이상 공감시 청원 성립	• 청원성립 마감일 기준 2주 이내 • 관련 부서 공식 답변	• 월별 청원운영 현황 분석·공유(주요 청원의견 및 피드백 내용 등)

톡톡水렴 게시판 운영 절차

2020년 제도 신설 이후, 2년간 총 800여 건의 의견이 등록되고, 이 중 약 200여 건이 청원으로 성립돼 각종 제도 및 시스템 개선으로 이어졌다. 이는 '언제든 나의 솔직한 의견을 표현할 수 있고, 공감을 얻으면 반드시 피드백된다'는 긍정의 명제를 만들어낸다. 톡톡水렴은 구성원들이

직원들이 선정한 톡톡수렴 청원사례 베스트 中

조직문화 혁신의 주체로 서고 이를 통해 자부심을 고취하며 조직 변화의 동력을 자발적으로 만들어 간다는 점에서 큰 의미가 있다.

두 번째 사례는 다양한 직급, 세대의 직원들이 경영활동 전반에 직접 참여하여 함께 고민하고, 토론하고, 바꿔 가는 '직원이사회'이다. Super Rookie(입사 5년 차 이내 사원~대리급), Junior Board(6~12년 차 이내 대리~과장급), Middle Board(차장~부장급) 세 그룹으로 구성하여 각 그룹별 직원들의 참신한 발상과 유연한 사고를 다양한 경영활동에 반영한다. 경영진 이사회 안건에 대해 직원이사회에서 사전 토의를 거치고 그 결과를 本이사회에 피드백하는 등 경영진의 효과적인 의사결정을 돕는다. 또한 회식·회의 문화, 직원들의 자기효능감 고취, 바람직한 유연근무 문화 등 조직 내 이슈를 선제적으로 발굴해 밀도 있는 토의를 거쳐 개선과제를 선정하고 관련 부서 협의와 제도 개선까지 완결형으로 수행한다. 조직문화 개선에 열정과 의지를 갖춘 직원에게 경영활동 참여의 기회를 제공함과 동시에 미래 리더로 성장할 계기도 된다. 그 밖에도 구성원들의 야근 문화 등 관행을 개선하여 효율적으로 일하고, 삶의 균형을 찾아갈 수 있도록 '근무시간 총량제', '부가가치 낮은 업무 줄이기 상시 공모' 등의 제도를 시행하여 9 to 6 문화를 정착하고 업무 효율성을 높이기 위해 노력하고 있다.

K-water에는 커다란 변화의 물결이 몰아친다. 외부적으론 이전엔 경험한 적 없는 기후위기가 파고를 높이고, 내부적으론 다양한 세대와의 공존과 융화로 고민이 깊다. 조직 차원에서 철저한 대응 전략을 마련하고 가치체계를 정비하는 것 못지않게 내부 구성원들의 신뢰와 공감이 절실한 시점이다. 아무리 좋은 경영전략을 구상하더라도 구성원들이 함께 행동하지 않는다면 그저 미완성의 밑그림으로만 남을지도 모른다. 단편적인 상황 인식에 기반한 단기 미봉책은 조직문화 혁신에 큰 도움이 되지

않는다. '변화에 잘 적응하는 문화'를 만들기 위해서는 K-water의 모든 구성원들이 꾸준히 관심을 갖고 참여하여 조직 공동의 미션과 목표를 설정하고, 그에 걸맞은 바람직한 행동과 미래상(像)을 함께 만들어나가는 것이 필요하다. 누구나 조직의 나아갈 방향이나 개선사항 등에 대해 거리낌 없이 목소리를 내고, 격의 없는 소통 프로그램을 통해 다양한 의견을 귀 기울여 들으면서 서로 존중하는 문화도 확산되어야 한다. 하지만 무엇보다 중요한 것은 진정성을 가지고 구성원들과 소통하며 조직문화 개선을 솔선수범해 나가는 경영진의 노력과 의지일 것이다.

좋은 조직문화는 조직의 유지, 생존에 필수조건이다. 내부 직원뿐만 아니라 국민을 포함한 외부 이해관계자에게도 중요한 가치다. 국민들은 K-water가 최상의 물 공급 서비스를 제공하는 기관이길 바랄 뿐만 아니라, 바람직한 조직문화를 갖춘 공공기관의 모범으로 자리매김하길 기대한다. 이 같은 국민들의 기대와 믿음에 구성원의 자부심과 성취감, 여기에 변화를 두려워하지 않는 조직문화까지 더해진다면 이보다 더 강하고 가치 있는 '전략자산'은 없다고 해도 과언이 아니다. K-water는 모든 구성원들은 '따로 또 같이' 조직문화 혁신을 향해 쉼 없는 발걸음을 재촉해 나갈 것이다.

K-water 기후위기 대응 대국민 보고서
전환의 미래로 가는 희망의 물길

초판 1쇄 발행   2023년 1월 18일

지은이   K-water

편집   K-water
표지 디자인   책은우주다
본문 디자인   이경은
교정교열   전아름

펴낸이   심규남
펴낸곳   연두에디션

신고번호   2015년 12월15일(제2015-000242호)
전화   031-932-9896
팩스   070-8220-5528
이메일   yundu@yundu.co.kr
정가   18,000원

ISBN   979-11-92187-91-4